De krijgers van Fiji

Bas Roeling

De krijgers van Fiji

Inhoud

Inleiding 9

Bula Fiji! 9

1. Geografie van Fiji 12

Archipel in de Stille Oceaan 12
Viti Levu 14
Vanua Levu 17
Van eilandengroep naar natie 18

2. De traditionele gemeenschap 20

Voorouders uit Afrika? 20
Klederdracht 29
Tatoeages 31
Naamgeving 36
Sociale structuur 37
De heersende adel 41
Omgangsvormen binnen de familie 44
Verwantschapstermen 45
Geboorte 48
Verloving en huwelijk 49
Yaqona 51
De yaqona ceremonie 55
Tabua 61
Tapastof 63
Vlechtwerk 65
Huisvesting en architectuur 68

Scheepvaart 71
Voedingsgewoonten 72
Sport 78
Meke 79
Sterfte en zielsvoorstelling 81
Het hiernamaals 82

3. Religie 88

Christendom 88
Traditionele religie 91
Het scheppingsverhaal 92
Goden en goddelijke voorouders 94
De tempel en de priester 95
Mana 98
Totem 99
Dromen 100
Hekserij 100
Pantheon 104

4. Oorlogvoering 113

De krijgers van Fiji 113
De Cibi en de Bole 114
Fortificatie 117
Oorlogstactiek 121
Oorlog op zee 123
Vechtsport 125
Wapentuig 126
Speren 129
Tiqa werpers 131
Saisai 133

Sokilaki   133
Sirusiru   133
Se-ni-nui   134
Kaka   134
Tevevatu   135
De knuppels van Fiji   136
Bowai   139
Vunikau   139
Gata   139
I Ula   141
Totokia   143
Culacula   146
Ceremoniële knuppels   146
Kiakavo   148

5. Kannibalisme   150

Soorten kannibalisme   150
Vermeldingen van kannibalisme in Fiji   151
Udre Udre   160
Thomas Baker   162

Bibliografie   166

Inleiding

Bula Fiji!

Op 27 juli 2017 arriveerden we op het vliegveld van Nadi. We hadden inmiddels een lange reis achter de rug van Amsterdam, via Londen en Los Angeles. Het was 05:30 uur en nog geen licht, maar we werden direct vriendelijk ontvangen door een donkere gezette breed lachse vrouw met kort haar en een witte bloem achter haar oor: "Bula!".

De hedendaagse Fijiër is zachtaardig, eerlijk en behulpzaam. Ze tonen grote interesse in bezoekers en maken graag een praatje. Overal waar we kwamen hoorden we "Bula!" Dit woord komt uit de Fijische cultuur en betekent hallo, maar ook tot ziens, welkom, liefde en meer...

De vriendelijkheid waarmee wij werden ontvangen door de huidige Fijiërs staat in schril contrast met de vijandelijkheid waarmee de eerste Europese bezoekers geconfronteerd werden toen zij het eiland aandeden. Als je de huidige Fijiërs kent, is het moeilijk voor te stellen dat zij afstammen van bloeddorstige kannibalistische krijgsheren die elkaars schedels insloegen met knuppels om daarna een hallucinerende drank uit de schedel van de overwonnen vijand te drinken terwijl zijn nabestaande moesten toekijken.

Door dit contrast raakte ik gefascineerd in de traditionele krijgskunst en het kannibalisme in Fiji en besloot me dan ook te verdiepen in de traditionele cultuur van dit afgelegen eiland. Ik bezocht het traditionele dorp Vusama langs de Tuva rivier, dronk Kava met de vertegenwoordiger van het opperhoofd en leerde over de yaqona ceremonie, familie-relaties en traditionele religie. Over de krijgskunst en het kannibalisme in het bijzonder leerde ik echter niets. Dit is iets waar de moderne Christelijke Fijiër zich voor schaamt en liever niet over praat. Over deze onderwerpen waren gelukkig voldoende bronnen uit het verleden beschikbaar.

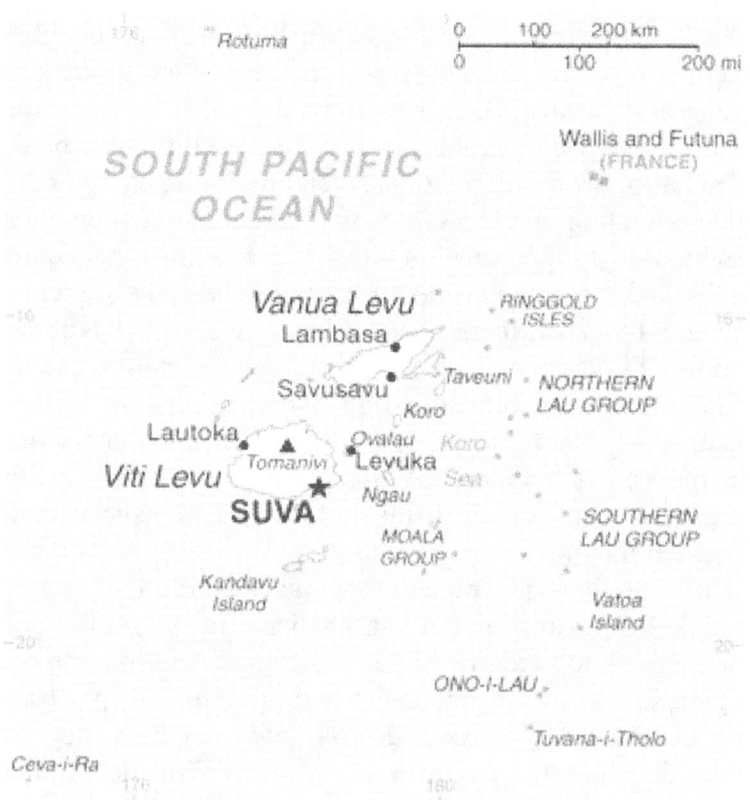

Afb. 1 Kaart van Fiji uit CIA World Factbook.

Afb. 2 Twee Fijiërs uit het binnenland van Viti Levu eind 19de eeuw. Foto door F.H. Dufty.

1. Geografie van Fiji

Archipel in de Stille Oceaan
De tegenwoordige Republiek Fiji is een archipel (eiland-
keten) in het zuidelijk deel van de Stille Oceaan en onderdeel van de grotere eilandengroep Melanesië, die
samen met Polynesië en Micronesië bekend staan onder
de collectieve naam Oceanië. Melanesië betekent zwarte
eilanden (van het Griekse melas en nesos) en is zo genoemd naar de huidskleur van de inheemse bevolking.

Fiji ligt op 15° tot 22° zuiderbreedte en 177° ooster-
lengte tot 179° westerlengte en bevindt zich dus zo'n
5.100 km ten zuidwesten van Hawaii en zo'n 2.000 km
ten noorden van Nieuw-Zeeland. Uniek aan Fiji is dat de
180° meridiaan (ook wel de antimeridiaan), dwars over
de eilanden Vanua Levu, Rabi en Taveuni loopt, deze
meridiaan markeert de internationale datumgrens. Om
praktische redenen heeft men hier de datumgrens dan ook
verplaatst naar het oosten zodat het gehele land één
datum kan hanteren (met uitzondering van het eiland
Rotuma). Hierdoor is Fiji één van de eerste landen die
een nieuwe dag mogen verwelkomen. Voor toeristen
heeft men op Taveuni een zichtbare datumgrens aangelegd zodat zij met het ene been op maandag en het andere
op dinsdag kunnen staan.

In de Fiji-eilanden heerst een tropisch klimaat. Er heerst
altijd een vrij hoge temperatuur, maar deze wordt wat
getemperd door de noordenwind. Van november tot april
is het eiland het trefpunt van winden uit verschillende
richtingen. De regen is in de vochtigste gebieden mooi
over het jaar verdeeld. In de benedenwindse gebieden
valt er vooral tussen november en april veel regen.

De dichtstbijzijnde buren zijn Vanuatu in het westen, Nieuw Caledonië in het zuidwesten, Nieuw-Zeeland's Kermadec Islands in het zuidoosten, Tonga in het oosten, de Samoa eilanden en Wallis and Futuna in het noordoosten en Tuvalu in het noorden.

Het merendeel van de eilanden van Fiji vormde zich zo'n 150 miljoen jaar geleden door vulkanische uitbarstingen. Tot op de dag van vandaag worden geothermische activiteiten geregistreerd op de eilanden Vanua Levu en Taveuni. Fiji bestaat uit 332 eilanden van enige omvang waarvan 106 permanent bewoond zijn en 522 kleine eilandjes. Het totale oppervlakte van Fiji is 1.290.000 km². Het merendeel hiervan ligt echter in de Stille Oceaan, minder dan 1,5% van het oppervlakte bestaat uit land, namelijk zo'n 18.300 km². Viti Levu en Vanua Levu zijn de twee grootste eilanden binnen de archipel en beslaan samen zo'n 75% van het totale landoppervlakte van Fiji. Het binnen de archipel verst gelegen eiland is Ono-i-Lau.

Afb. 3 De kust van Viti Levu, Fiji.

Viti Levu

Viti Levu is het grootste eiland en beslaat 57% van het landoppervlakte van Fiji. Het eiland is 146 kilometer lang en 106 kilometer breed met een oppervlakte van 10.389 km², vergelijkbaar met het eiland Hawaii of een kwart van Nederland. Zo'n 70% van de huidige bevolking van 909.389 (volgens een schatting in 2015) wonen langs de kust op Viti Levu. Het binnenland is nauwelijks bewoond vanwege het onherbergzame karakter. De hoofdstad Suva ligt in het oosten van Viti Levu, waar bijna driekwart van de totale bevolking woont. Andere belangrijke steden liggen in het westen en zijn Lautoka, waar zich de grootste haven bevindt en Nadi, met de grootste luchthaven.

Viti Levu is in het prille begin tijdens vulkanische uitbarstingen meerdere malen overstroomt door lava. Aardbevingen en vulkanische uitbarstingen hebben ervoor gezorgd dat het eiland vandaag de dag uit een ruig terrein bestaat. Het eiland wordt grofweg in tweeën gedeeld door een bergketen die van noord naar zuid loopt. Het midden van Viti Levu is dicht bebost. Hier vindt men ook de Tomanivi berg (ook wel Mount Victoria), wat met zijn 1.324 meter het hoogste punt van Fiji is. Hevige regen (tot 304 cm per jaar) valt met name aan de zuidoostelijke zijde van beide eilanden, waardoor deze zijden bedekt zijn met tropische bossen. De laaglanden in de westelijke delen van de eilanden worden beschermd door de bergen en kennen een droogte seizoen, wat essentieel is voor gewassen als suikerriet.

Op Viti Levu stromen vele rivieren. Meerdere daarvan zijn bevaarbaar met redelijk grote vaartuigen. De Rewa rivier is de wijdste rivier van Fiji en bevaarbaar tot 100 kilometer stroomopwaarts vanaf de mond. De Rewa ontspringt in de Tomanivi berg en stroomt 145 kilometer naar het zuidoosten om uit te monden in een delta bij de Laucala Baai nabij Suva. Haar bekken is verrijkt met een diepe laag aangeslibde rijke bodem. Onderweg wordt de rivier gevoed door de Wainibuka en Wainimala rivieren. De Rewa voert ongeveer éénderde van al het overtollige water op Viti Levu af. Nabij de rivierdelta zijn meerdere dorpen ontstaan. Bij Nausori kan men de rivier oversteken via de oude en nieuwe Rewa brug.

In de eerder genoemde Wainimala rivier vindt men ook het Navosa stuwmeer wat wordt gevormd door de Monasavu dam, zo'n 60 km ten noordwesten van Suva, net boven de Monasavu watervallen. Vanaf deze dam werd water via een 5 km lange tunnel naar een hydraulische centrale gepompt. Deze centrale leverde in 1992 nog 92% van de benodigde elektriciteit op Viti Levu. In 2006 leverde deze centrale nog slechts 46% van de benodigde elektriciteit vanwege de toenemende vraag.

Naast de Rewa ontspringt ook de Sigatoka rivier in de Tomanivi berg. Deze bevaarbare rivier vormt voor velen de belangrijkste route naar het binnenland. De Sigatoka stroomt vanaf het westen van de Tomanivi 120 km zuidwaarts tussen de centrale en westerse bergketens om bij het naar de rivier genoemde dorp Sigatoka uit te monden in de oceaan. Bij de mond van de rivier bevinden zich ook de Sigatoka zandduinen. Het dorp Sigatoka bevindt zich circa 40 km ten zuiden van Nadi. In de Tomanivi rivier bevindt zich ook de in 2012 voltooide 40 meter hoge Nadarivatu (ook wel Korolevu) stuwdam die water via een 3.225 meter lange tunnel naar een hydraulische centrale bij de Ba rivier leidt.

Afb. 4 De dichte jungle op Viti Levu.

De Ba rivier ontspringt in de westelijk gelegen bergketen en stroomt langs Navala richting het gelijknamige
dorp Ba om vervolgens uit te monden in de oceaan. Het
dorp Ba ligt 37 km landinwaarts van Lautoka. Nabij Ba
kan men de Rarawai suikermolen vinden die voor de
boilers gebruik maakt van de rivier. Lange tijd was Ba
berucht vanwege de brug over de rivier met slecht één
rijstrook wat ernstige verkeersdrukte veroorzaakte. Nadat
de oude brug in de jaren '90 was weggespoeld tijdens een
hevige vloed werd een nieuwe brug gebouwd en werd de
hoofdweg (King's Road) omgelegd waarmee Ba werd
omzeild. De Ba rivier is beroemd om zijn mosselen die
als lokale delicatesse worden beschouwd.

De bij toeristen bekendste rivier van Fiji is echter wel
de Navua, die ontspringt aan de zuidoostelijke helling
van Mount Gordon en 65 km naar het zuiden stroom om
bij de gelijknamige plaats Navua, 30 km ten westen van
Suva, in de oceaan uit te monden. De rivier staat bekend
om de schilderachtige schoonheid van de ruige bergen
waar het langs stroomt en is dan ook erg populair bij raft
liefhebbers.

Vanua Levu

Vanua Levu is met 30% van het totale landoppervlakte
van Fiji het op één na grootste eiland binnen de archipel.
Het ligt 64 kilometer ten noorden van het grotere Viti
Levu en heeft een oppervlakte van 5,587 km². Zo'n 18%
van de bevolking woont op Vanua Levu.

De smalle driehoekige vorm van Vanua Levu suggereert dat het met koraalriffen omringde eiland na vulkanische uitbarstingen is ontstaan uit een samensmelting
van verschillende kleinere eilanden. Het eiland is zo'n 30

tot 50 km lang en 180 km breed, met de punt naar het noordoosten gericht.

Vanua Levu wordt in tweeën gedeeld door een bergketen die van oost naar west loopt en grofweg de grens vormt tussen de twee provincies Cakaudrove en Macuata. De Batini berg, ook wel Nasorolevu, is met 1,111 meter het hoogste punt van het eiland. 16 kilometer naar het noordoosten ligt Dikeva, ook wel de Thurston berg met een hoogte van 1.030 meter. De voornaamste bergketen op Vanua Levu ligt tegen de zuidkust, waardoor hier significant meer regen valt. Gedurende acht maanden van het jaar heeft het noorden van Vanua Levu een droog klimaat, zodat hier de ideale omstandigheden bestaan voor suikerriet, het voornaamste gewas op het eiland.

Vanua Levu heeft meerdere rivieren. Geen van de rivieren op Vanua Levu zijn echter bevaarbaar met grote vaartuigen. De drie rivieren Labasa, Wailevu en Qawa vormen een delta waarop het dorp Labasa ligt. De Wainikoro rivier staat bekend als de meest gevaarlijke vanwege de aanvallen van haaien. De Dreketi rivier heeft een lengte van 65 km en is bevaarbaar met kleine vaartuigen tot zo'n 35 km vanaf de riviermond waardoor vruchtbare delen van het eiland bereikbaar zijn. De Dreketi is de diepste rivier in Fiji aangezien nog nooit iemand de bodem van deze rivier zou hebben kunnen bereiken.

Van eilandengroep naar natie
Fiji wordt sinds het tweede millennium vóór Christus bewoond, eerst door Austronesiërs en later door Melanesiërs met Polynesische invloeden.

Abel Tasman bezocht als eerste Europeaan de eilandengroep in 1643. Het rif voor de kust en de reputatie van de Fijiërs als krijgers en kannibalen hield de Europese zeemannen op afstand. In de 19de eeuw werd er echter Sandelhout ontdekt en werd het eiland economisch interessant voor Europa.

Na een periode als zelfstandig koninkrijk werd de eilandengroep in 1874 een kroonkolonie van het Verenigd Koninkrijk. Zij bleven dit tot 1970 toen zij onafhankelijke werden binnen het Gemenebest van Naties. In 1987 werd Fiji echter een republiek en volgden een aantal staatsgrepen.

Fiji heeft een van de meest ontwikkelde economieën in de Stille Oceaan dankzij een overvloed aan bossen, mineralen en vissen. Vandaag de dag is toerisme en suiker export de belangrijkste bron van inkomsten.

Het lokale bestuur van Fiji bestaat uit stads en dorpsraden onder toezicht van The Ministry of Local Government and Urban Development.

Vandaag de dag worden de inheemse bewoners van Fiji, de iTaukei, gezien als een zachtaardig en religieus Christelijk volk. Daarnaast kent Fiji ook rijke en levendige Hindoe, Moslim en Sikh gemeenschappen onder de nakomelingen van de Indische arbeiders die in de 19de eeuw door de Britten naar het eiland zijn gebracht om op de suikerrietvelden te werken. Hoewel de Indiërs minder orthodox zijn voor wat betreft het kastenstelsel en toleranter staan tegenover andere religies, zijn zij trouw gebleven aan hun oude tradities, klederdracht en taal

2. De traditionele gemeenschap

Voorouders uit Afrika?

Het vertellen van verhalen is een populair en belangrijk tijdverdrijf in Fiji waarmee mythen van de oude religie en legenden over moderne historische personen levend worden gehouden. Het van generatie op generatie mondeling overbrengen van verhalen brengt echter ook het nadeel met zich mee dat traditionele verhalen vervuild worden door invloed van externe culturen, met name westerse.

Een bekend lied dat reeds vele decennia lang wordt gezongen, vertelt het verhaal over hoe de oorsprong van de Fijiërs begint in Afrika. Deze verhalen worden overgebracht van vader op zoon. Omdat meerdere generaties met deze verhalen zijn opgegroeid wordt de juistheid van deze afkomst inmiddels algemeen erkend. De Nederlandse vertaling een versie van dit lied (meke) is als volgt:

> Onze voorvaderen, laat me het je vertellen
> Hoe zij van Zuid-Afrika reisden
> Oh! Verata. Hun oorspronkelijke dorp,
> nabij het grote meer van Tanganyika.
> Luntunasobasoba leidde hen toen zij
> uit Zuid Afrika vertrokken.
>
> Met zijn vrouw Nai, een vrouw uit Oost Egypte.
> Luntunasobasoba had vijf kinderen,
> Hun nakomelingen zijn de opperhoofden van Fiji.
> Hij had slechts één dochter, Buisavulu.
> Zij woonde in Bureta [Ovalau].

Roko Moutu [zijn eerste zoon] woonde in Verata,
Vela Siga [zijn tweede zoon] woonde in Burebasaga.
Tui Nayavu [zijn derde zoon] woonde in de Batiki regio.
Dau ni Sai [zijn vierde zoon] woonde in Kabara.

De reden waarom zij vanuit Tanganyika kwamen.
Een ernstige ziekte had hen getroffen
Ze reisden over de Atlantische Oceaan
Ze zochten naar een land in de Stille Oceaan.

Een orkaan trof hen.
Ze voelden zich onveilig in hun kano.
In de Kaunitoni en de Duibana
De Kaunitera is de naam van hun kano.
Luntunasobasoba jammerde.
"Oh, mijn nakomelingen,
ik heb medelijden met jullie.
Mijn stenen kist is leeg.
Het verdwijnt met mijn boek."

De eerste missionarissen die Fiji bezochten maakten geen melding dat dit lied werd gezongen door de Fijiërs in de periode vóór en net ná de Britse kolonisatie.

Dit is opvallend, want een dergelijk verhaal zou vrijwel zeker zijn beschouwd als aanwijzing dat de Fijiërs één van de verloren stammen van Israël waren. Het ligt dan ook voor de hand dat, als dit verhaal toen al bestond, de missionarissen dit hadden omarmd om vervolgens te gebruiken bij hun missiewerk.

Thomas William, een missionaris-antropoloog, arriveerde in Fiji in 1839 en bestudeerde de traditionele Fijiërs. Hij vond geen enkele aanwijzing over de oorsprong van de Fijiërs en merkte zelfs op dat "de inheemse liederen zwijgen over dit onderwerp."

Het verhaal over de reis met de Kaunitoni werd voor het eerst vermeld door Sir Basil Thompson nadat een zekere Jonacani Dabeta van Beqa hem dit verhaal vertelde aan het begin van de jaren '90 van de 19de eeuw. Thompson beschreef deze reis in zijn boek "South Sea Yarns" uit 1892.

Rev. Ilaitia Tuwere vermeldt deze reis uit Afrika ook in zijn boek: "Vanua: Toward a Fijian Theology of Place". Tuwere gaf aan dat het geloof van deze oorsprong op grote schaal bekend werd gemaakt tijdens een serie radio-uitzendingen door Ratu Kitione Vesikula, een opperhoofd van Verata (de woonplaats van Luntunasobasoba). De Methodische Kerk en ook de overheid hielpen bij de verspreiding van deze legende, waardoor deze nu op grote schaal door inheemse Fijiërs wordt geloofd als hun verhaal van oorsprong.

Het lijkt er op dat dit verhaal door de Fijiërs, en meer specifiek de inwoners van Verata, is samengesteld uit verhalen die zij hoorden van de eerste missionarissen. Vele Fijiërs zijn Christelijk. Het is erg verleidelijk een verhaal waarin een directe band met het volk van Christus wordt gesuggereerd als waarheid te beschouwen. Bovendien geeft het verhaal voor een leek een verklaring waarom er mensen met een donkere huidkleur in de Stille Oceaan leven.

De dorpen die in het lied vermeld worden delen veel legenden en familiebanden. Het is aannemelijk dat deze banden er ook al waren voor de publicatie van het boek van Thompson.

De stenen kist en het boek die in de oceaan verdwenen gedurende een storm is in ieder geval onwaarschijnlijk. Er zijn geen geschriften bekend van de historische Fijiërs en er waren geen boeken waarin werd geschreven. Sommige Fijiërs die een diepgeworteld geloof in deze oorsprong hebben herkennen in oude inscripties en snijwerk in enkele grotten echter Hebreeuwse letters.

Een andere versie van dit verhaal vinden we terug in het boek The Fijian Wanderers van Ann Tysan Harvey met assistentie van Joji Suguturaga uit 1969. Hierin wordt het verhaal verteld van de reis van Afrika naar Fiji. Het verhaal begint met Tura die nabij Thebe in Egypte woonde. Tura was opperhoofd van een stam in een tijd vóór de grote piramiden. Hij reisde met zijn stam naar Zuid Afrika en vestigde zich bij het meer van Tanganyika in Tanzania.

Afb. 5 Viseisei, wordt gezien als First landing place in Fiji.

Tura huwde een Tanzaniaanse vrouw en reisde toen om onbekende reden de oceaan over. Ze reisden langs Madagaskar, de Aziatische eilanden en eindigden hun reis in Fiji. Tegen de tijd dat zijn stam bij Fiji aankwam was Tura reeds overleden en was zijn zoon Lutunasobasoba opperhoofd.

Tijdens een storm voor de kust van de Mamanuca eilanden van Fiji verloor Lutunasobasoba de kist met Mana, inclusief de geschreven geschiedenis over de voorouders van de Fijiërs. Ook ging hiermee het geschreven woord verloren voor de traditionele Fijiërs.

Moe, oud en ziek kwam Lutunasobasoba aan bij Viseisei en daar vestigden zij zich voor het eerst in Fiji. De kinderen van Lutunasobasoba waren Adi Buisavuli, opperhoofd van de Bureta stam, Rokomautu, opperhoofd van de Verata stam, Malasiga, opperhoofd van de Burebasaga stam, Tui Nayavu, opperhoofd van de Batiki stam en Daunisai, opperhoofd van de Kabara stam. Zijn kinderen vormden dus het begin van de verschillende stammen.

Sommige Fijiërs vertellen echter het verhaal dat er reeds rook oprees van het eiland [en dus dat er al mensen woonden] voordat Lutunasobasoba op Viti Levu aankwam. Dorpelingen uit de provincie van Ra in het noorden van Viti Levu zeggen dat Lutunasobasoba een onruststoker was en samen met zijn volgelingen werd verbannen uit Nakauvadra. Sommigen geloven dan ook dat er drie migraties hebben plaatsgevonden, één geleid door Lutunasobasoba, één door Degei en een andere door Ratu, die in Vereta woonde. Volgens een variant van het verhaal kwamen Lutu-nasobasoba en Degei samen in de Kaunitoni aan in het westen van Viti Levu, waar Lutunasobasoba het dorp Viseisei stichtte. Vanuit hier splitste de groep zich op en reisde Degei met de Kaunitoni door naar het oosten van het eiland waar ze aankwamen bij Rakiraki en van daaruit de Nakauvadra bergen in trokken.

Veel antropologen en linguïsten zijn van mening dat de reis van Afrika naar Fiji een compleet gefabriceerd verhaal van de eerste missionarissen is geweest. De basis van het verhaal vertoont echter een belangrijke overeenkomst met het later in dit boek opgenomen scheppingsverhaal: een leider (of scheppergod) leidt zijn volk vanuit het westen over de oceaan naar Fiji. Bovendien is een afkomst uit een land of eiland in het westen een terugkerend thema bij veel culturen van Oceanië. Natuurlijk wordt hier niet Afrika mee bedoeld, maar aan elke generatie werd doorgegeven dat de voorouders uit het westen afkomstig waren, al werd dat na enkele generaties uiteraard een ruim begrip. Toen de eerste missionarissen in Fiji hun verhaal deden, zullen enkele Fijiërs deze nieuwe informatie van deze geleerde witte mannen hebben verbonden aan hun eigen bestaande verhalen waardoor een in hun ogen kloppend verhaal ontstond die antwoord gaf op de vragen die zij hadden.

DNA-onderzoek heeft inmiddels echter aangetoond dat de Fijiërs niet uit Afrika afkomstig zijn, maar wel vanuit het westen, namelijk Zuidoost-Azië.

De inheemse bevolking van Fiji heeft voornamelijk een Melanesisch uiterlijk, dat wil zeggen een donkere huidskleur en overheersend krulhaar. Door vermenging met bewoners van andere eilanden (waaronder Tonga) hebben de Fijiërs echter ook enkele Polynesische kenmerken meegekregen. Dit uit zich met name in een lichtere huidkleur dan die van de andere Melanesiërs. De Fijiërs zijn doorgaans ook langer.

Een opmerkelijk kenmerk is dat Melanesiërs (samen met enkele Australische aboriginal volkeren) tot één van de twee niet-Europese etnische groepen behoort waarvan sommigen blond haar hebben. De blonde haarkleur evolueerde zich zelfstandig door de aanwezigheid van allel TYRP1 die uniek is bij deze mensen en dus afwijkt van het gen wat blond haar bij Kaukasiër veroorzaakt. Net als in Europa komt blond haar meer voor bij kinderen doordat het haar vaak donkerder wordt naarmate de persoon volwassen wordt.

Afb. 6 Fijiër met speer omstreeks 1870 in traditionele kledij. Foto door Pulman and Son.

Afb. 7 Fijische vrouw uit circa 1910.

Klederdracht

De traditionele kleding voor de mannen was de lendendoek. Een opperhoofd was meer uitbundig gekleed. Vrouwen droegen grasrokjes. De rokjes van vrijgezelle vrouwen waren kort en getrouwde vrouwen droegen lange rokken. Meisjes droegen maagdelijkheidsvlechtjes vóór het huwelijk die door de kersverse echtgenoot werden afgesneden na het huwelijk. Bij de meeste vrouwen van hogere rang waren de onderste delen van het lichaam getatoeëerd. In tegenstelling tot veel andere culturen in Oceanië, waren tatoeages in Fiji alleen bestemd voor vrouwen.

Een voorbeeld van moderne traditionele klederdracht in Fiji is de sulu, een soort rok die door zowel mannen als vrouwen wordt gedragen. Een type die door beide geslachten wordt gedragen is de Sulu va Taga (uitgesproken als Sulu vah Tanga), een rechthoekige doek die om het middel wordt gewikkeld. De informele variant is versierd met verschillende uitbundige patronen en motieven.

Veel mannen, met name in stedelijke gebieden, hebben een Sulu va Taga die speciaal is gemaakt als onderdeel van een formeel pak. Velen dragen deze rok dan ook met een bijpassend Westers overhemd, stropdas en jasje. Aan de voeten draagt men dan bijpassende sandalen. Ook de militaire en politie uniformen hebben de Sulu va Taga een plaats gegeven in hun ceremoniële klederdracht.

Vrouwen dragen bij formele gelegenheden meestal een tapa doek van meerdere lagen. Tapa is een kledingstof vervaardigd uit boombast. De naam tapa is afkomstig van Tahiti. Op Rotuma staat deze stof bekend als uha en elders in Fiji als masi. Deze doek wordt gedragen met een blouse van katoen, zijde, of satijn. Bij speciale gelegenheden dragen vrouwen in plaats van een blouse ook tapa over het bovenlichaam. Bij andere gelegenheden dragen zij wel een chamba, ook bekend als een sulu I ra, met een speciaal vervaardigde top. Er zijn vele regionale variaties in Fiji. Inwoners van het dorp Dama, in de Bua provincie dragen bijvoorbeeld gewoven matten die men kuta noemt en die vervaardigd zijn van een rietsoort.

Ondanks het feit dat traditionele en semi-traditionele klederdracht nog steeds veel wordt gedragen door de inheemse Fijiër, is er een grotere invloed van Westerse en Indische klederdracht merkbaar in de stedelijke gebieden dan bij andere nabijgelegen landen in Melanesië.

Afb. 8 Jonge vissersvrouw uit de jaren 1930 met tobe (maagdelijkheids vlechtjes).

Tatoeages

Traditie bepaalde dat tatoeages (veiqia) alleen waren voorbehouden aan vrouwen. In heel Fiji, maar met name op Viti Levu, droegen vrouwen onder hun rok (liku) tatoeages rond de schaamstreek. De tatoeages werden aangebracht door geoefende vrouwelijke kunstenaressen die werden omschreven als erfelijke priesteressen.

Een plaatselijk opperhoofd (mbulí) vertelde aan het begin van de 20ste eeuw dat tatoeages vereerde en mooie versieringen van de vrouwen waren waaraan groot belang werd gehecht door zowel mannen als vrouwen. Vrouwen die de pijnlijke rite uitvoerden werden Lewā vuku genoemd, oftewel "wijze vrouwen". De een was een soort heler en haar tegenhanger stond bekend als de Lewā dau bati, de "tatoeëer expert". De rite werd uitgevoerd in de geheime open plekken in het bos. Jonge vrouwen werden doorgaans getatoeëerd nadat zij de pubertijd hadden bereikt en vóórdat zij trouwden. De voorouders werden opgeroepen om tijdens de ceremonie te begeleiden, waardoor een motief van genealogie en afkomst duidelijk werd in de tatoeage.

Vrouwen die een tatoeage kregen moesten twaalf uur vasten, van zonsopkomst tot zonsondergang. De gehele nacht voorafgaand aan de tatoeage moest ze vissen op zoetwatergarnalen en drie doornen van de limoen zoeken die als onderdeel konden worden bevestigd aan rietstengels die dienst deden als handvatten (voor het tatoeage instrument).

Aan het begin van de tatoeëer sessie moest de jonge vrouw bij de priesteres op haar rug gaan liggen. In een kokosnoot werd de vloeistof voor het tatoeëren bewaard. De oude priesteres zegende de vloeistof en bad tot de

geesten van de dood om de huid van de jonge vrouw
zacht te maken zodat de tatoeëer sessie niet teveel pijn
zou doen. Hierna begon het daadwerkelijke tatoeëren.
Het meest heilige deel (de vulva) werd als eerste getatoeëerd. De pijn die het tatoeëren veroorzaakte werd "het
onttrekken van de speer" genoemd. Nadat het meest
pijnlijke deel voltooid was werd de jonge vrouw gekal-
meerd totdat ze in een diepe slaap was gevallen. Hierna
ging men verder met tatoeëren. Het patroon was vergelijkbaar met dat van de schilderingen op de inheemse
doeken, de Nairukuruku.

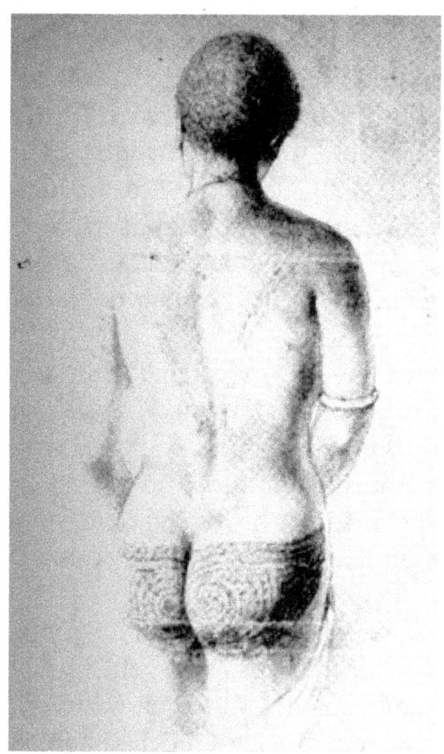

*Afb. 9 Tatoeages op
de billen van een Fi-
jische vrouw in circa
1870.*

De toekomstige echtgenoot van de jonge vrouw moest een knuppel aan de wijze vrouwen geven als onderpand of voorlopige betaling. Hierna moest hij de tatoeëerders van een maaltijd voorzien en een feest organiseren op de vierde dag na de voltooiing van het tatoeëren. Tegen deze tijd was de huid namelijk voldoende geheeld. Deze dag stond bekend als "het afstoten van de schubben" Alle vrouwen kwamen bijeen om getuige te zijn van het afvallen van de schubben wat direct werd gebruikt om de afgunst bij jonge meisjes op te roepen bij het zien van het mooie patroon. Hierdoor wilden zij ook snel getatoeëerd worden.

Volgens de mbulí werd de tatoeage aangebracht omwille van de echtgenoot, zodat hij de mooie patronen zag als hij haar liku uittrok om met haar te slapen. Met deze reden werden ook de lippen van de vrouw getatoeëerd, zodat haar echtgenoot het verlangen kreeg ze te kussen.

Wanneer de zeevarende mannen van Viti Levu op de terugreis waren van een handelsexpeditie in het oosten hoopten ze op een westwaartse wind, die doorgaans zeldzaam waren. In hun poging de geest van de landwind op te roepen zongen ze de volgende tekst:

> "Kom, Kom, O Geest,
> van de Dames uit het westen;
> O dames met de zwarte monden,
> geef ons een gunstige wind."

Er waren andere tatoeëer vormen en gereedschappen verspreid over de eilanden van Fiji. Maar het aanbrengen van motieven was verplicht voor vrouwen. Een missionaris schreef dat de scheppergod Degei, een vergoddelijkt opperhoofd en tevens de slangengod, ongetatoeëerde vrouwen zou straffen in het hiernamaals, waarschijnlijk omdat zij niet hun schubben hebben afgestoten zoals zijn dochter dit had gedaan. De dochter van Degei, Adi Vilaiwasa zou de eerste vrouw geweest zijn die zich had laten tatoeëren. Tot in de tachtiger jaren van de 19de eeuw lieten vrouwen zich tatoeëren in een grot onder de Nakauvadra bergen op Viti Levu, hier zou ook Adi Vilaiwasa haar tatoeages hebben gekregen.

Op de Lau-eilanden van Fiji werden jonge vrouwen getatoeëerd op hun billen, gezicht, schaamstreek en vingers. Hiervoor gebruikte men een bijlachtig instrument met een haaientand of visbot wat in een zwart pigment werd gedoopt van roet en de kemirinoot. Het tatoeëren vond plaats in een speciale taboe hut die door de mannen "de zwarte billen" werd genoemd. Volgens traditie brachten de oude vrouwen de tatoeages aan in drie tot vier sessies over een periode van minimaal een jaar. Gezegd werd dat wanneer de jonge vrouw het bed deelde met geliefden voordat de tatoeages geheel voltooid waren, de pijn zou toenemen. Als laatste werden de vingers en de hoeken van haar mond getatoeëerd om duidelijk te maken dat zij huwbaar was.

In andere regio's van Fiji werd een kamachtig instrument gebruikt met vier tot vijf fijn gebeitelde tanden in een bot bevestigd aan een klein handvat van zo'n 15 cm. Dit instrument werd in het pigment gedoopt waarna het patroon in de huid werd geslagen. Een 19de eeuwse ooggetuige schreef dat hun god slechts het tatoeëren van één deel van het lichaam eiste, en dat de vingers alleen getatoeëerd werden om de bewondering van het opperhoofd te prikkelen die deze onder ogen krijgt bij het presenteren van zijn voedsel. De stippen in de hoeken van de mond geven op sommige eilanden aan dat de vrouw kinderen heeft gebaard, maar meestal werden deze gebruikt om de rimpels bij het ouder worden te verbergen.

De Duitse natuurvorser en kunstenaar Theodor Kleinschmidt deelde aanvullende observaties en afbeeldingen van tatoeëer gewoonten zoals hij deze op Viti Levu tegen kwam: "Een getatoeëerde lijn start gewoonlijk bij de ene pols en loopt vervolgens in de lengte via de arm over de borststreek boven de borsten naar de schouder, en van daar naar beneden naar de andere pols. Er zijn doorgaans twee getatoeëerde lijnen op de rug, deze verbuigen naar beneden vanaf elke schouder zoals de zoom van een jasje naar de ruggengraat en het tatoeëren van de billen. Andere tatoeages hebben de vorm van kleine sterren op de wangen, benen en handen, afhankelijk van de smaak. Het instrument is een blad van een schildpadschild of van kippen of ander bot, of enkele limoen doornen, bevestigd aan een lichte stok in de vorm van een miniatuur zeis. Als aanvulling op de tatoeages van deze soort, worden vaak rijen met ornamenten van littekens in het vlees van de borst, rug en bovenarmen gesneden. Mannen zijn slechts sporadisch getatoeëerd, en dan niet uitbundig."

In de 19de eeuw grapten de Fijiërs over het feit dat men op Tonga de mannen tatoeëerden in plaats van de vrouwen. Volgens een oud verhaal waren de eerste bezoekers van Tonga zo aangenaam verrast over de tatoeages bij de vrouwen dat zij dit gebruik direct wilden introduceren op hun eigen eiland. Ze stuurden een berichtgever terug met deze boodschap. Deze man was zo angstig dat hij de boodschap verkeerd zou overbrengen dat hij de gehele

weg terug zong: "Tatoeëer de vrouwen, niet de mannen."
Door een noodlottige wending van het lot stootte hij zijn
teen tegen een steen. Tijdens de verwarring die hierna
ontstond verdraaide hij de volgorde van zijn boodschap
gedurende het vervolg van zijn reis: "tatoeëer de mannen,
niet de vrouwen." Zo werd de verkeerde boodschap overgebracht aan het opperhoofd en werden de mannen
getatoeëerd in plaats van de vrouwen.

Naamgeving
Naamgeving in Fiji heeft zich ontwikkeld in een mix van
elementen uit de culturele tradities en Europese gewoonten. Het gebruik van achternamen is geen traditie
bij Fijiërs. Hoewel het gebruik van achternamen toe-
neemt, is dit nog geen universeel gebruik. Het hebben
van een achternaam en het daadwerkelijk gebruik daarvan is een kwestie van persoonlijke voorkeur. Iemands
laatste gevoerde naam is dan ook niet altijd een achternaam. Een kind kan gedoopt of geregistreerd worden met
een achternaam, meestal afgeleid van de traditionele
naam van de vader. Het is niet ongebruikelijk dat personen die met een achternaam gedoopt zijn deze gedurende hun leven negeren, sommigen nemen hem op
latere leeftijd weer aan. Sommigen die niet met een
achternaam zijn gedoopt adopteren op latere leeftijd de
traditionele naam van hun vader als achternaam.

Vandaag de dag kunnen namen geërfd of doorgegeven
worden tussen familieleden. Traditioneel hadden namen
een speciale betekenis en geschiedenis. Vóór de komst
van de Europeanen werden namen gebaseerd op gebeurtenissen rond de geboorte of het kind. Zo werd een
zekere Tanoa Senibua vernoemd naar de "geur van de

Bua" bloem die in de lucht hing tijdens de geboorte van het kind, en "Tanoa" omdat de vader van het kind kava dronk uit een Tanoa toen hij het nieuws ontving over de geboorte van zijn zoon.

Het merendeel van de Fijiërs heeft twee voornamen, één Christelijke naam uit de Bijbel en één traditionele naam. Een modern voorbeeld van traditionele en moderne naamgeving is Ratu Joni Madraiwiwi, vice-president van Fiji van 2004 tot 2006. Joni is de Fijische vorm van John of Johannes. Madraiwiwi betekent 'zuur brood'. Deze naam kreeg hij overgedragen van zijn grootvader, eveneens een Ratu Joni Madraiwiwi. De oudere Madraiwiwi ontving deze naam van zijn vader Mara Kapaiwai, die voor zijn executie een laatste maal mocht nuttigen. Hierdoor was de smaak van het brood zuur geworden. Hij noemde zijn zoon naar deze dramatische gebeurtenis. Omdat het gebruik van achternamen niet overal gebruikelijk is kan het voorkomen dat meerdere leden uit één familie verschillende achternamen hebben. Bekende voorbeelden hiervan zijn Ratu Epeli Nailatikau (de President van Fiji sinds 2009) en zijn broer Tu'uakitau Cokanauto.

Sociale structuur
Terwijl de meeste andere Melanesische volkeren een matriarchale maatschappij kennen die leiders benoemen op basis van prestaties, worden de Fijiërs geleid door opperhoofden op basis van erfelijkheid. Fiji kent net als de nabijgelegen Polynesische eilanden een patriarchaal georiënteerde samenleving. Eigendommen, en dus ook grondbezit, gingen dan ook over van vader op zoon.

De Fijiërs hechten erg veel waarde aan de familie, het dorp en het land. Traditioneel wordt elke Fijiër geboren in een zekere rol binnen de gemeenschap. Men wordt in eerste instantie geboren binnen de grootfamilie (toka-toka), meerdere tokatoka's vormen een clan, oftewel Mataqali. Meerdere clans vormen een stam genaamd Yavusa die wordt geleid door een opperhoofd. R.A. Derrick definieerde de Yavusa als "de directe nakomelingen van vaderszijde van één enkele kalou-vu [vergoddelijkte voorouder]."

Verschillende Mataqali vormen een dorp. Elke Mataqali heeft grond in gemeenschappelijk bezit en is verantwoordelijk voor een specifieke taak binnen de Yavusa. Een volledig ontwikkelde Yavusa heeft dan ook verschillende Mataqali, waaronder:

Turaga

Deze mataqali stamt af van de eerstgeborene van de oorspronkelijke voorouder, vererving via de oudste zoon per elke opvolgende generatie. Het opperhoofd wordt altijd gekozen uit de Turaga mataqali. In het Fijisch is Turaga het woord voor man. De Turaga-ni-Koro is de titel voor het hoofd van een dorp (koro) die wordt gekozen en benoemd door de dorpelingen. Als soort burgemeester speelt hij een sleutelrol in de moderne Fijische regeringsstructuur en krijgt dan ook een kleine toelage van de overheid. Het opperhoofd van een Mataqali (clan) staat bekend als de Turaga-ni-mataqali. De historische status van de Turaga speelt nog altijd een belangrijke rol in conflicten met betrekking tot gemeenschappelijk grondbezit.

Sau turaga
Deze staan direct onder de opperhoofden, steunen hem, dwingen zijn bevelen op en bewaken zijn soevereiniteit. Ook hebben zij de laatste stem in de benoeming van een opperhoofd en kunnen deze functie tijdelijk vervullen totdat er een nieuw opperhoofd is gekozen. Zij worden dan ook wel de kingmakers genoemd. Meestal behoren de Sau turaga tot dezelfde familie als de turaga met het verschil dat zij een jongere familietak vormen.

Mata ni vanua
Vormen de officiële omroepers van het dorp. Zij voeren ook de ceremoniële taken uit.

Bete
Dit was de traditionele priesterklasse. Men geloofde dat de kalou-vu (goddelijke voorouder) via de Bete tot de levenden sprak.

Bati
Deze mataqali vormt de traditionele krijgersklasse.

Dau en *Matai*
Dit zijn de ambachtslieden en vakmensen van een stam, zoals de Dau ni vucu (dichter, choreograaf of componist), Dau ni yau (penningmeester) en Mataisau (timmerman of kanobouwer).

De laagste administratieve eenheid in Fiji is de koro, het dorp. Elk dorp wordt geleid door een dorpshoofd die turaga-ni-koro wordt genoemd en die wordt gekozen door de andere dorpelingen.

Meerdere dorpen worden tikina genoemd en meerdere tikina's samen vormen een yasana, wat gezien kan worden als een provincie. Elke yasana wordt geregeerd door een provincieraad die voornamelijk bestaat uit hoog opgeleide opperhoofden met een voorzitter die men de Roko Tui noemt. Deze raad is ondergeschikt aan de Fijian Affairs Board, die als "guardians" van de traditionele structuur worden beschouwd.

Verschillende Yavusa, vergelijkbaar met provincies, vormen samen een grotere landmassa, genaamd Vanua (een confederatie van Yavusa). De Vanua is vergelijkbaar met ons huidige begrip van een onafhankelijk land. De Vanua staat onder leiding van de Turaga i Taukei, het meest vooraanstaande opperhoofd uit de meest vooraanstaande familie. Deze sociale structuur was gebaseerd op traditionele voorouderlijke banden.

De Matanitu was een confederatie van Vanua, deze confederatie was niet gebaseerd op voorouderlijke banden, maar eerder op verbonden gebaseerd op politieke doelstellingen, gedurende oorlog of vanwege een gemeenschappelijke behoefte.

Vandaag de dag bestaan er drie confederaties. De Kubuna confederatie wordt beschouwd als de meest oude en bestaat uit de provincies van Tailevu, Ra, Naitasiri, Lomaiviti en delen van Yasawa en Ba. De andere twee confederaties zijn de Burebasaga, die het resterende deel van Viti Levu omvat, en Tovata, die bestaat uit Vanua Levu, de Lau archipel en Rotuma. Sinds de onafhankelijkheid heeft de Tovata confederatie de politieke macht naar zich toegetrokken.

Afb. 10 Cakobau, de Vu-ni-valu [koning] van Bau, litho door Anthony La Riviere in circa 1858.

De heersende adel

Elke Mataqali, Yavusa en Vanua wordt geleid door een opperhoofd. Deze positie behoudt men over het algemeen voor het leven. Opvolging van de functie van opperhoofd verloopt na het overlijden van de vader of moeder traditioneel gezien van de oudste broer of zus tot de jongste broer of zus. Wanneer de jongste broer of zus sterft wordt de oudst levende zoon of dochter van de oudste broer of zus opperhoofd. Deze traditie bepaald nog altijd de leiding van dorpen in Fiji, hetzij minder strikt. Vandaag de dag neigt men namelijk veelal naar eerstgeboorterecht.

Het opperhoofd van een Mataqali voert de titel Ratu voor mannen en Adi (Ahndi) voor vrouwen. Opperhoofden boven de Mataqali hebben andere, meer prestigieuzere titels, maar worden meestal wel aangesproken als Ratu of Adi. Ook is het mogelijk dat opperhoofden meerdere titels voeren, zoals ook wel bij westerse adellijke personen. Zo voerde wijlen Ratu Sir Kamisese Mara de titels Tui Nayau en Tui Lau.

In de Rewa provincie en delen van Naitasiri en Tailevu wordt in het plaatselijke dialect de titel Ro gebruikt voor zowel mannen als vrouwen. Op de Lau eilanden (met name de Moala groep) en delen van Naitasiri en Rewa gebruikt men voor zowel mannen als vrouwen de titel Roko, hoewel op het eiland Kadavu en westelijke gebieden voor vrouwen de titel Bulou gebruikt wordt. In delen van Vanua Levu, met name de provincie Bua gebruikt met de titel Ra.

Het formele gebruik van de titel Ratu werd pas geïntroduceerd nadat Fiji in 1874 een kolonie van Groot-Brittannië werd. Tot die tijd stond een opperhoofd alleen bekend onder zijn eigen naam en zijn gebied gebonden traditionele titel.

Ra is een voorvoegsel en Tu betekent opperhoofd. Elke variant van de titel Ratu wordt gevoerd vóór de naam en eventuele adellijke en academische titels, zoals Ratu Sir Kamisese Mara of Ratu Dr. Epeli Nailatikau, maar ná militaire titels zoals brigadegeneraal Ratu Epeli Ganilau. Hoewel men tegenwoordig een systematiek gebruikt vergelijkbaar met die van het Verenigd Koninkrijk, zijn er enkele subtiele verschillen. In het Engels zegt men bijvoorbeeld: His Royal Highness (aanspreektitel) Prince (titel) Andrew (naam), Duke of York (adellijke titel). In Fiji zou men zeggen: Gone Turgaga Na (aanspreektitel) Roko Tui Bau (adellijke titel), Ratu (titel) Joni Madraiwiwi (naam).

De adel van Fiji bestaat uit circa zeventig opperhoofden, die elk afstammen van een familie die traditioneel heersten over een zekere regio. Deze opperhoofden hebben verschillende rangen, waarbij sommigen ondergeschikt zijn aan de anderen. De Vasaratu clan van Bau, in het oosten van Viti Levu, wordt beschouwd als de hoogst regerende clan. Zij stammen af van Seru Epenisa Cakobau, de Vunivalu van Bau of Tui Levuka, het opperhoofd van Bau. Hij was het eerste opperhoofd die geheel Fiji onder één heerschappij wist te verenigen in 1871 toen hij werd uitgeroepen tot Tui Viti (koning van Fiji). Hij droeg in 1874 de eilanden uiteindelijk over aan het Verenigd Koninkrijk. Andere prominente clans zijn de Vuanirewa, de heersers van de Lau eilanden, en de Ai Sokula, de heersers van Vanua Levu.

Tijdens de koloniale periode behielden de Britten de traditionele structuur van opperhoofden en creëerden de Great Council of Chiefs. Dit was in eerste instantie een adviesorgaan, maar groeide langzaam uit tot een invloedrijk constitutionele instantie. Deze raad fungeert als het kiescollege die de president van Fiji kiest, grotendeels een ere positie, de vice-president en 14 van de 32 senatoren, leden van het Upper House, die een veto kunnen uitspreken over de meeste wetgeving. De andere 28 senatoren worden benoemd door de minister president (9), de leider van de oppositie (8) en de raad van Rotuma (1).

Senatoren kunnen zowel van adel als gewone burgers zijn. Kort na de onafhankelijkheid was de adel nog wel meer vertegenwoordigd omdat men deze groep beschouwde als de traditionele leiders van het land. Bij recente verkiezingen wonnen echter steeds meer gewone burgers omdat zij inmiddels ook hoger opgeleid zijn.

De Britse koloniale heersers voegden verschillende districten samen in Yasana, oftewel provincies. Deze districten vormen tevens drie Matanitu, of confederaties. Vaak wordt gesteld dat deze confederaties exact overeenkomen met de samengestelde provincies.

Omgangsvormen binnen de familie
De sociale interactie tussen broers en zussen, neven en nichten, ooms en tantes, gezinnen en verwante stammen kent een grote complexiteit. Het Fijische concept van familie is niet te vergelijken met het westerse idee van wie wel of geen familie is. Verre verwanten nemen rollen en aanspreektitels over van een directe voogd. De Fijische cultuur is dan ook niet gebaseerd op de biologische afstamming, maar in plaats daarvan op de band van een kind met een spirituele voorouder. Hierdoor ontstonden onder andere problemen toen men tijdens de kolonisatie aspecten met een westerse culturele achtergrond wilden introduceren in Fiji, zoals het strafrechtsysteem.

Megan Lee stelde in 2000 tijdens het bestuderen van sociale structuren in het dorp Naivuvuni dat het verwantschapssysteem een essentieel aspect is van het dagelijks leven in Fiji. De wijze waarop men met elkaar omgaat is gebaseerd op de manier waarop zij met elkaar verwant zijn binnen de familie. Hierbij gaat men uit van twee belangrijke uitgangspunten; respect en ontwijking. Respect is gebaseerd op de drie belangrijkste kenmerken: leeftijd, geslacht en sociale afstand. Hoe ouder een persoon is, hoe meer respect die daarmee afdwingt, ongeacht geslacht of sociale positie. De hoeveelheid respect die wordt geuit hangt af van de sociale afstand. Fijiërs die elkaar regelmatig bezoeken gaan ontspannen met elkaar om en houden minder strikt rekening met de regels met betrekking tot hun relatie tot elkaar. Fijiërs die elkaar niet zo vaak zien en minder familiair met elkaar omgaan volgen de te verwachte regels strenger.

Verwantschapstermen
De volgende termen worden gebruikt door naaste familieleden: Vader en moeder worden Tata en Nana genoemd door hun kinderen, een broer is een tagane en een zus een yalewa. De term Tavale wordt gebruikt door neven en nichten via vader's zuster of moeder's broer (cross cousin). Megan Lee merkt hierover op dat dit traditioneel de groep familieleden was waaruit een man zijn vrouw koos. Vandaag de dag wordt deze praktijk echter niet meer gevolgd. Mannelijke Fijiërs verwijzen naar elkaar en naar vrouwelijke cross cousins met deze term. Vrouwen verwijzen ook met deze term naar een mannelijke cross cousin, maar verwijst naar een andere vrouwelijke cross cousin met de term dauve, schoonzus, omdat de broer van een vrouwelijke cross cousin een potentiele echtgenoot was. Zo verwijzen vrouwen naar de echtgenoot van een mannelijke cross cousin met de term karua, tweede echtgenoot. Als zij zou sterven kan een andere cross cousin namelijk zijn nieuwe vrouw worden. Cross cousins hebben ook de verantwoordelijkheid elkaar te begraven wanneer de ander sterft.

William Halse River schreef in 1914 in The History of Melanesian Society dat de cross cousin termen tavale, davola en dauve vooral werden gebruikt in dorpen aan de kust en dat in dorpen in het binnenland termen werden gebruikt als daku, vitabui, vaidakavi, veilavi en vikila, hoewel tavale ook hier regelmatig voorkwam. Ouders van de cross cousin worden hetzelfde behandeld als de biologische ouders. De jongere zuster van een moeder wordt Nana Lailai genoemd, oftewel kleine moeder. Als de zuster van moeder ouder is wordt zij Nana Levu genoemd, grote moeder. Vergelijkbaar worden vader's broers Tata Lailai en Tata Levu genoemd.

De zus van vader wordt Nei genoemd, oftewel tante, en de broer van vader wordt Momo genoemd, oftewel oom. De omgangsvormen met de ouders van een cross cousin zijn ontspannen, al moet men echter wel respect blijven tonen voor Momo en Nei omdat zij ouder zijn.

De term yaca werd vroeger gebruikt om te verwijzen naar iemands naamgenoot wanneer een kind was vernoemd naar een overleden familielid. Tegenwoordig wordt deze term ook gebruikt om te verwijzen naar iemand die nog leeft. De term wordt tegenwoordig zelfs gebruikt onder vrienden met dezelfde naam.

In het geval dat een familiaire relatie niet duidelijk is tussen personen die elkaar ontmoeten, worden andere relaties besproken die hen mogelijk aan elkaar verbinden, zoals de term yaca of hun vooroudergeesten (vu) waren mogelijk vrienden waaruit het logische argument volgt dat zij tauvu van elkaar zijn (tau betekent vriend en vu betekent geest).

Tabel 1, Verwantschapstermen

Relatie	Fijische term
Vader	tata
Moeder	nana
Oudere broer	tuakaqu tagane
Jongere broer	taciqu tagane
Oudere zuster	tuakaqu yalewa
Jongere zuster	taciqu yalewa

Moeders broer	momo
Moeders oudere zuster	nana levu
Moeders jongere zuster	nana lailai
Vaders oudere broer	tata levu
Vaders jongere broer	tata lailai
Vaders zuster	nei
Vaders oudere broers vrouw	nana levu
Vaders jongere broers vrouw	nana lailai
Moeders broers vrouw	nei
Vaders zusters man	momo
Moeders oudere zusters man	tata levu
Moeders jongere zusters man	tata lailai
Vaders vader	bubu tagane
Vaders moeder	bubu yalewa
Moeders vader	bubu tagane
Moeders moeder	bubu yalewa
Zoon	luvequ tagane
Dochter	luvequ yalewa
Broers zoon	vugoqu tagane
Broers dochter	vugoqu yalewa
Zusters zoon	luvequ tagane
Zusters dochter	luvequ yalewa
Zoons zoon	makubuqu tagane
Zoons dochter	makubuqu yalewa
Dochters zoon	makubuq tagane
Dochters dochter	makubuqu yalewa
Vrouw / echtgenote	watiqu
Man / echtgenoot	daulomani

Mans broer	noqu daku tagane
Mans zuster	noqu daku yalewa
Vrouws broer	tavalequ tagane
Vrouws zuster	tavalequ yalewa
Mans broers vrouw	karua
Vrouws zusters man	karua
Mans zusters man	noqu veitabuki tagane
Vrouws broers vrouw	noqu veitabuki yalewa
Mans vader	nabugoqu tagane
Mans moeder	nabugoqu yalewa
Vrouws vader	nabugoqu tagane
Vrouws moeder	nabugoqu yalewa
Mans vaders broer	momo
Vrouws vaders broer	momo
Mans vaders zuster	nei
Vrouws vaders zuster	nei
Mans moeders broer	momo
Vrouws moeders broer	momo
Mans moeders zuster	nei
Vrouws moeders zuster	nei

Geboorte

Verjaardagen werden in het verleden gewoonlijk niet gevierd door de traditionele Fijiërs. Er waren echter uitzonderingen voor verjaardagen die een bijzondere betekenis hadden. Zo werd de eerste verjaardag van het eerstgeboren kind gevierd door de beide families die hierdoor met elkaar verbonden waren. De familie van vaders zijde nam matten mee waarop het kind kon zitten tijdens het feest en de viering. Na afloop nam de familie van moeders zijde de matten mee om ze onder elkaar te verdelen. Bij een dergelijke viering concentreerde men zich vooral op de verschillende groepen die hierbij betrokken waren en niet, zoals men in de westerse cultuur zou verwachten, op het individu die de reden is voor de viering.

Verloving en huwelijk
Tijdens een formele verloving (ai lakovi) schonk de man een tabua (walvis tand) aan de vrouw. Gearrangeerde huwelijken komen tegenwoordig nauwelijks voor in Fiji. Vroeger werden huwelijken echter gearrangeerd door de ouders van de man en de oudste leden van zijn Mataqali. De vrouw werd gekozen op basis van de relatie die zo zou ontstaan tussen twee clans. Zelden speelde de keuze van het individu een rol van betekenis. Asesela Ravuvu beschreef in zijn boek The Fijian Way of Life uit 1983 dat het huwelijk niet alleen een verbond was van twee individuen; het was ook een huwelijk tussen twee groepen waardoor een sociaal en economische relatie ontstond.

Megan Lee beschreef in 2000 dat de vrouw en man werden gebruikt als instrumenten om sociale betrekkingen tussen twee groepen te bevorderen. Het was ongebruikelijk dat een huwelijk werd gearrangeerd tussen een man en vrouw die afkomstig waren uit twee groepen die geen sociale en economische relatie hadden. Het huwelijk werd juist gebruikt om de band die de twee groepen hadden door een huwelijk in het verleden te versterken.

Een huwelijk wat is ontstaan doordat een man en vrouw samen plotseling en geheimzinnig met elkaar trouwden werd steeds gebruikelijker maar zorgde wel voor spanning

Afb. 11 Vrouwen in kledij voor een huwelijk. De rokken zijn van tapastof en ze dragen beiden een bloemenketting (sulu-sulu), de vrouw rechts draagt een witte tutuki over-rok en een schelpenketting (taubebulileka). Foto uit 1935.

spanning tussen de vrouw en haar schoonfamilie. Na een dergelijk huwelijk moest de Bulubulu (te begraven) ceremonie worden uitgevoerd om de twee families te verzoenen. Een dergelijk huwelijk werd namelijk beschouwd als een soort diefstal. Het uitvoeren van een Bulubulu was kostbaar en vond over het algemeen pas enkele jaren na het huwelijk plaats. Het was voor de vrouw onmogelijk om terug te keren naar haar eigen dorp voordat deze ceremonie was uitgevoerd.

Bij een huwelijk dat wel volgens protocol werd uitgevoerd waren beide families aanwezig. Deze geven het jonge stel matten en andere praktische huishoudelijke voorwerpen zodat ze in staat zijn hun eigen huishouden te beginnen. Dit symboliseert dat zij, hoewel zij nog altijd deel uitmaken van een grotere clan, zij nu een eigen onafhankelijke familie zijn.

Yaqona
De yaqona ceremonie is één van de belangrijkste culturele ceremonieën van de Fijiërs en tevens de traditionele ceremonie om iemand welkom te heten in een dorp.

Yaqona is de in Fiji gebruikte naam voor de bekende psychoactieve drank die in grote delen van de Stille Oceaan wordt gedronken en beter bekend staat als kava, de naam die men aan deze drank gaf op Tonga en de Marquesas eilanden.

De naam heeft betrekking op zowel de plant als de drank die ermee wordt bereid. De Yaqona is familie van de peperplant. De bladeren en stengels van deze plant bevatten giftige stoffen die onder andere leverschade kunnen veroorzaken. Daarom wordt door volkeren in Oceanië alleen de wortel gebruikt voor het bereiden van de bekende drank. Deze wortel bevat een groot aantal psychoactieve stoffen. Yaqona is niet verslavend, maar door het gebruik ervan kan wel een psychische afhankelijkheid ontstaan.

Om de werkzame stoffen vrij te maken wordt de wortel eerst grondig gewassen en gedroogd en vervolgens gekauwd, gemalen of gestampt. Bij de kauwmethode wordt de wortel in stukjes gehakt die in de mond worden genomen. Na enige tijd kauwen wordt de brij in een kom gespuugd. Bij het malen worden stukjes verse wortel in een vijzel vermalen. Het stampen gebeurt op een grote steen met een kei. De verkregen poeder wordt gemengd met water en vervolgens gefilterd met een zijden doek. Vóór de introductie van zijde werd hiervoor kokosvezel gebruikt.

Bij al deze bereidingen ontstaat een mengsel van de werkzame stoffen in een zetmeelachtige oplossing. De smaak kan omschreven worden als scherp, de kleur varieert van grijs tot lichtbruin en glazig groen. Het mengsel wordt vermengd met koud water en vervolgens zo snel mogelijk gedronken. De werking van yaqona die op deze manier wordt bereid is veel sterker dan wanneer hij wordt gedronken als thee. De sterkte hangt ook af van de soort, de versheid en de kweekwijze. Door drogen en veroudering verliest yaqona ook aan kracht.

Een half uur na het drinken van yaqona begint de werking die circa twee uur aanhoudt, daarna nemen de effecten weer af. Het gehele proces kent acht verschillende fases. Allereerst zal de drinker merken dat zijn lippen en tong gevoelloos en bleek worden als gevolg van het samentrekken van bloedvaatjes. Hierna ontstaat een verhoogde behoefte om te spreken gevolgd door euforisch gedrag. Na deze fase zal de drinker van yaqona minder angst ervaren en kalmeren, wat wordt gevolgd door een gevoel van welbehagen. Hierna zal hij een moment ervaren waarin hij helder kan denken. Na deze fase ontspannen de spieren en wordt de drinker slaperig. De slaap na het gebruik van yaqona wordt ervaren als enerverend. Er zijn geen effecten van het gebruik van yaqona voelbaar en men ervaart geen kater.

Aan het begin van de 21ste eeuw ontstond grote bezorgdheid over de veiligheid van het gebruik van kavaproducten. Er werd meerdere malen melding gedaan van leververgiftiging, waarbij in een enkel geval zelfs sprake was van leverfalen, nadat men commercieel geproduceerde kava had gebruikt. In 2002 werd in het Verenigd Koninkrijk de verkoop, import en het verstrekken van de meeste kavaproducten verboden. Nederland, Frankrijk en Zwitserland kwamen met een volledig verbod op elke vorm van kava. In Canada werd de verkoop een tijd stilgelegd, maar na aanpassing van wetgeving in 2004 weer vrijgegeven. In de Verenigde Staten waarschuwde het Center for Disease Control (CDC) en de Food and Drug Administration (FDA) voor de giftigheid voor de lever.

Er was echter sprake van een bijzondere constatering met betrekking tot de gevallen van leverschade. Alle gevallen kwamen namelijk voor bij gebruikers in Europa en Noord-Amerika. Bij de traditionele gebruikers in Oceanië waren geen gevallen van leverschade bekend. Deze constatering leidde tot onderzoek van de aanwezige giftige stoffen in de plant. In de groene delen van de plant werd het alkaloïde pipermethystine aangetroffen. Deze stof zou verantwoordelijk kunnen zijn voor gevallen van leververgiftiging en komt niet voor in de wortel van de plant. Een andere stof die werd gevonden was flavokaïne B. Deze stof zou kunnen bijdragen aan de giftigheid. Flavokaïne B komt wel voor in de wortels. Onderzoek wees uit dat in commercieel geproduceerde kava voor de Europese en Noord-Amerikaanse markt grote hoeveelheden groene delen voorkwamen. Deze delen met het giftige pipermethystine worden in de landen van oorsprong niet gebruikt. Vroeger werd yaqona alleen gebruikt door priesters (Bete), opperhoofden en familiehoofden. Tegenwoordig wordt het door alle lagen van de bevolking genuttigd. Wanneer familie en vrienden samen yaqona drinken gebeurt dit op een vrije manier, losjes gebaseerd op de officiële ceremonie. In bijzijn van een opperhoofd of andere prominente personen uit de gemeenschap zal echter een strikte etiquette worden gevolgd.

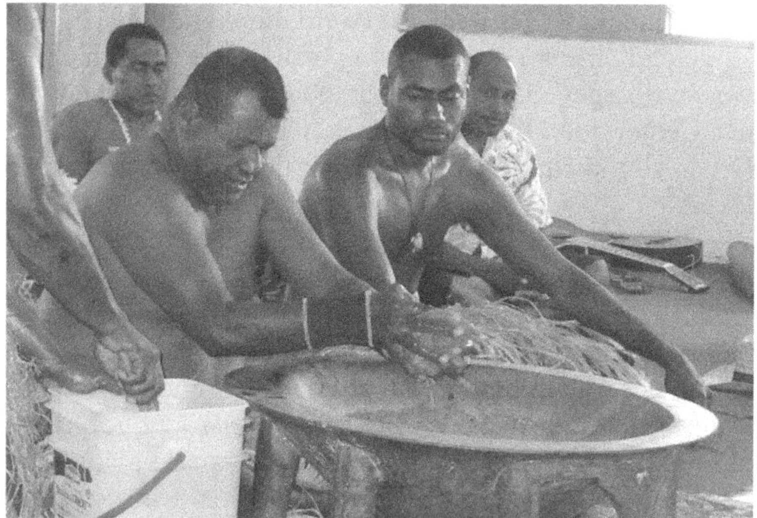

Afb. 12 Het bereiden van de Yaqona in Vusama Village.

Bij een bezoek aan een dorp dient de bezoeker een sevu-sevu (presentatie offer) bestaande uit een bundel van yaqona (de wortel van de peperplant (Piper Methysticum) aan het opperhoofd te schenken. Van deze wortel wordt de bekende drank kava gemaakt. Na het geven van het offer vraagt de bezoeker toestemming het dorp te betreden.

De clans komen bij elkaar voor verschillende sociale evenementen, zoals geboorte, huwelijk en begrafenissen. Geschenken worden uitgewisseld en een groot feest met een lovo (aardoven) wordt georganiseerd. Mannen en vrouwen zingen en dansen kleurrijke traditionele mekes geïnspireerd op de oude goden. Ook vertellen zij verhalen over migraties en oorlogen. Het delen van muziek en het vertellen van verhalen is echter alledaags gebruik in Fiji. De Fijiërs geven aan dat zij alles wat er toe doet wordt besproken rond de tanoa, oftewel de kavaschaal. Tijdens deze gesprekken wordt even gepauzeerd voor een lied met wat gitaarmuziek.

De yaqona ceremonie
De volgende beschrijving van een Yaqona ceremonie is afkomstig van Bau, een eiland voor de kust van Viti Levu, een prominent dorp van de Kubuna Confederatie in de Tailevu provincie. Deze officiële ceremonie wordt Qalo-qalovi genoemd en is de traditionele ceremonie om iemand welkom te heten. Alle aanwezigen zitten in kleermakerszit in absolute stilte. Alleen de stem van de matanivanua (de erfelijk bepaalde woordvoerder voor geëerde gasten) wordt gehoord bij het welkom heten van de gast.

Yaqona wordt gedronken terwijl men zit op een rechthoekige Pandanus mat, tegenover de officiële gast. Met respectvolle afstand staat een Tanoa, een grote schaal om de drank te mengen, gemaakt van de stam van de vesi boom (intsia bijuga). Aan de voorzijde van de mat ligt een sau (touw van kokosvezel met daaraan Kauri schelpen bevestigd). De sau wordt van de gast uitgerold tot aan het opperhoofd. Naast het opperhoofd zitten zijn woordvoerder en andere mannen met een belangrijke functie in traditionele klederdracht. De volgorde van de aanwezigen verschilt per gemeenschap. Bij de Tanoa zitten doorgaans drie mensen: één om te mengen en twee om te bedienen en water te halen indien nodig.

Zodra alle voorwerpen en ingrediënten voor het vervaardigen van de yaqona zijn verzameld zal de persoon die gaat mengen in kleermakerszit plaats nemen achter de Tanoa. Hij zal de Tanoa aanraken en zeggen: "Qai vakarau lose Saka Na Yaqona vaka Turaga." (Ik zal de yaqona met eerbied mengen voor het opperhoofd). Hierna zal de menger water in de tanoa schenken uit een aardewerken vat of bamboe opslag en de gemalen yaqona daaraan toevoegen vanuit een bundel van vau vezels (hibiscus tiliaceus). Op een gegeven moment zal de groep die achter de tanoa heeft plaatsgenomen een oud lied zingen begeleid door een lali, een houten drum.

Na het mengen vult hij een halve uitgeholde kokosnoot met yaqona om deze vervolgens hoog in de lucht te houden en de yaqona terug in de Tanoa te gieten. Zodoende kan de woordvoerder van het opperhoofd de yaqona zien en beoordelen. Wanneer de woordvoerder van mening is dat de yaqona te sosoko (sterk) is zal deze "Wai" roepen. Na dit bericht zal de menger meer water toevoegen. Deze actie wordt herhaald totdat de menger de woordvoerder "Wai donu." hoort zeggen. Dan pas weet de menger dat de yaqona een juiste verhouding heeft en klaar is om geserveerd te worden. De menger geeft (soms gooit) de zeef aan een man achter hem die het residu uitklopt en terug geeft waarna de menger de rand van de tanoa kan afvegen.

De menger legt vervolgens zijn handen in elkaar, gaat met zijn handen rond de Tanoa en zegt: "Qai darama saka tu na Yaqona Vakaturaga." (Met eerbied, de yaqona voor het opperhoofd, is klaar om gedronken te worden). Vervolgens klapt (cobo) hij drie keer in zijn holle handen (een teken van respect) voordat hij de sau (koord met schelpen) naar zich toe trekt en de yaqona serveert in een Bilo (een kom van kokosnoot). De komdrager zal de gevulde bilo naar de gast brengen op het ritme van de drum. Daar aangekomen zal de drum en het gezang abrupt stoppen en zal de komdrager de bilo van de eregast vullen. De gast van het opperhoofd zal klappen en de yaqona rustig opdrinken op het ritme van het geklap van de zangers. Wanneer de gast zijn yaqona heeft opgedronken zal hij zijn bilo op de houder terugplaatsen waarna het koor het woord "Maca" zingt. Dit zal het teken zijn dat het opperhoofd ook zijn bilo met yaqona heeft opgedronken. Hierna zullen alle aanwezigen afzonderlijk drie keer klappen met holle handen.

Veel aspecten van de cultuur in Fiji zijn gebaseerd op het concept van evenwicht waardoor alles in paren uitgevoerd moet worden. Daarom wordt voor elke kom yaqona die wordt gedronken door een gast, ook een kom gedronken door een aanwezige woordvoerder. Hier lijkt geen vaste volgorde voor te bestaan. Dit lijkt uitgevoerd te worden door een ieder die het individu dat zojuist gedronken heeft eer wil bewijzen.

Afb. 13 Het inschenken van de Yaqona.

Afb. 14 De vertegen- woordiger van het opperhoofd van Vu- sama (in dit geval zijn oudste jongere broer) zit klaar de Yaqona in ontvangst te nemen.

Afb. 15 Het presenteren van de Yaqona aan het opper-hoofd.

De manier waarop de yaqona wordt gedronken door de aanwezigen en de woordvoerders is vergelijkbaar met zoals hierboven beschreven is, met als verschil dat alle aanwezigen twee keer klappen met holle handen wanneer zij klaar zijn met drinken. Deze ceremonie wordt enkele malen herhaald totdat de woordvoerder het gepast vindt om de menger het teken te geven om het drinken van yaqona voor iedereen toe te laten.

De menger zal beide zijden van de Tanoa aanraken en zeggen: "Taki vakavo Na Yaqona vaka Turaga." (Nu mag

Afb. 16 Zingen van een oud lied begeleid door een lali, een houten drum, klappen en de later geïntroduceerde gitaar.

iedereen van de yaqona van het opperhoofd drinken), waarna hij twee maal in zijn handen klapt. Hierna wordt het een ieder toegestaan te drinken, in volgorde van de maatschappelijke positie die iemand binnen de groep inneemt.

Als iemand tijdens de ceremonie arriveert en wil deelnemen aan de ceremonie zal deze persoon een klein offer (sevusevu) van yaqona moeten brengen als uiting van respect. Hij zal zich aankondigen met een respectvolle groet waarna de oudere leden hem uitnodigen mee te doen. Hij zal een paar respectvolle woorden spreken wanneer hij zijn yaqona op de mat voor de anderen plaatst. Hierna zal een deelnemer van de ceremonie, meestal de woordvoerder, de yaqona aanraken, een paar woorden spreken en eindigen met "Tarai Saka tu na sevusevu Levu" als aanvaarding van zijn uiting van respect. Hierna zal de ceremonie worden voortgezet samen met het vertellen van vele verhalen.

Wanneer de Tanoa leeg is en de woordvoerder van mening is dat het tijd is de ceremonie te beëindigen, en geen nieuw mengsel meer wil laten maken, zal hij de menger een signaal geven, die op zijn beurt zal zeggen "Qai maca saka tu na Yaqona Vakaturaga." (Met eerbied voor u allen, de yaqona van het opperhoofd is op).

Tabua
De tabua is de gepolijste tand van een potvis (Physeter macrocephalus) en als belangrijk cultureel voorwerp een waardevolle gift in ceremoniële presentaties. Hoe groter het aantal geschonken tanden, hoe groter het geschenk. Het is van belang voor de gever om zijn gift te bagatelliseren, degene die de gift ontvangt zal deze juist groter maken dan het is: als de gift klein is zal de ontvanger zeggen dat het groots is. Bij het geven van geschenken gaat het om welsprekendheid en nederigheid.

De tanden werden traditioneel gegeven als verzoening of als teken van eerbied (sevusevu) en van groot belang bij onderhandelingen tussen rivaliserende opperhoofden. Overleden mannen werden, samen met hun knuppels en gewurgde vrouwen, begraven met hun tabua om hen bij te staan in het hiernamaals.

Oorspronkelijk waren potvistanden zeldzame voorwerpen, alleen beschikbaar door een gestrande potvis of verkregen door handel met Tonga, waar het gebruik mogelijk zijn oorsprong vindt. Toen de vraag naar potvistanden in Fiji begin 19de eeuw bekend werd bij Europese

Afb. 17 Tabua in het huis van het opperhoofd van Vusa-ma Village met daarachter verschillende masi kleden met ingewikkelde geometrische patronen van aardachtige bruine, zwarte en rode tinten.

walvisvaarders werden duizenden tanden, inclusief na-maaktanden van ivoor en walrustanden aan Fijiërs verkocht. Deze handel leidde onder andere tot de ont-wikkeling van de Europese scrimshaw kunst (de zelfvlijt producten van zeelui tijdens hun lange tochten om tijd mee te verdrijven of om een kleine bijverdienste te hebben).

Vandaag de dag is de tabua nog altijd een belangrijk voorwerp in de Fijische maatschappij. Ze worden niet verkocht maar veranderen van eigenaar als geschenk tij-dens huwelijken, geboortes en begrafenissen.

De tabua wordt als vertrouwd symbool of merk ook steeds vaker gebruikt in reclames, zo heeft Fiji Airways een Tabua Club (frequentflyerprogramma) en een tabua klasse (business class). Ook wordt de tabua afgebeeld op de Fijische 20 cent munten. Het exporteren van tabua uit Fiji wordt sterk beperkt tot 225 exemplaren per jaar, vergunningen van het Ministry of Fijian Affairs, de Fijian Department of Environment en een CITES verklaring omdat de tanden naast een belangrijk cultureel voorwerp ook afkomstig zijn van een bedreigde diersoort. De waarde van potvistanden in Fiji kan daardoor oplopen tot boven de €500,-

Tapastof
Een ander belangrijk cultureel aspect van Fiji is het vlechtwerk en de tapa stof. Het vlechtwerk kan men onderscheiden in matten en miniatuur gevlochten voorwerpen, met name de tempels (bure kalou). Deze tempels waren een weg voor de god om neer te dalen tot de priester.

Tapastof (barkcloth), in Fiji masi genoemd, wordt gemaakt met stroken van de binnenste schors van de papiermoerbei (Broussonetia papyrifera). De schors wordt losgetrokken van de stam waarna de buitenste donkere schorslaag wordt afgeschraapt. De stroken van vezels worden op een houten aambeeld gelegd, zoals een lage kruk, of op een harde ondergrond waarna op de schors wordt geslagen met houten knuppels. Na enige tijd wordt de schors gevouwen en gaat men verder met slaan. Dit proces herhaalt zich totdat een stuk ontstaat van circa 50 cm breed. Meerdere stukken worden overlappend naast elkaar gelegd en aan elkaar geslagen om grotere stukken stof te vormen, veelal gelijmd met een zetmeelpasta van pijlwortel (Maranta arundinacea), waarna het geheel in de zon te drogen wordt gelegd.

De masi is beschilderd met gewaagde en ingewikkelde geometrische patronen van aardachtige bruine en zwarte tinten. Deze kleuren worden verkregen van mangrovesap, teracotta klei en speciaal hiervoor vervaardigd roet. De masi kan ook gerookt worden boven een vuur van suikerriet om de gebruind gekleurde masi kuvui te creëren. De fijnste witte masi zou afkomstig zijn van Tonga, maar ook in Fiji komt masi van bijzonder goede kwaliteit voor. De beroemdste en ingewikkelde patronen vindt men op het eiland Vatulele. De Lau groep staat vooral bekend om de kwaliteit van de masi zelf.

Afb. 18 Aquarel van Seru Epenisa Cakobau met een i-sala, door Edward Fanshawe, 1849.

De masi wordt gebruikt om de pasgeboren baby in te wikkelen wanneer deze wordt opgehaald in het ziekenhuis, maar ook om de kamer te versieren waar het lichaam van een overleden persoon ligt opgebaard. Ook wordt de kist en het graf met een masi bedekt.

Een ander product dat van tapastof werd gemaakt was de i-sala, een traditionele Fijische tulband die werd gedragen door de opperhoofden en priesters als teken van hun rang.

Vlechtwerk

De rechthoekige 'gras' matten (voivoi) worden vervaardigd door vrouwen. Zij beginnen met het strippen van de bladeren van de pandanus plant (oftewel de geurende schroefpalm). Deze bladstrips worden gekookt, gekleurd en vervolgens soepel gemaakt door er met een zware houten hamer op te slaan. Hierna worden ze in het huis gedroogd en in opgerolde bundels bewaard voordat het daadwerkelijke vlechtwerk plaatsvindt.

De gedroogde bladeren worden gewoven in dichte, vaak diagonale patronen die eindigen in gerafelde of omzoomde randen. De verticale gestripte bladeren worden met een hand vastgehouden zodat men met de andere hand de horizontale strips over en onder de verticale strips kan steken. De strips worden aan de achterkant opnieuw gewoven om dikkere, stevigere matten te kunnen maken met een complexere sluiting zodat het weefsel zich niet meer kan verspreiden. Bij elke stap moet de weefster uiterst geconcentreerd te werk gaan om de streng van gedroogde bladeren niet te breken. De uiteinden van de mat worden met een speciale knoop of een dikke draad vastgemaakt zodat het niet kan gaan rafelen.

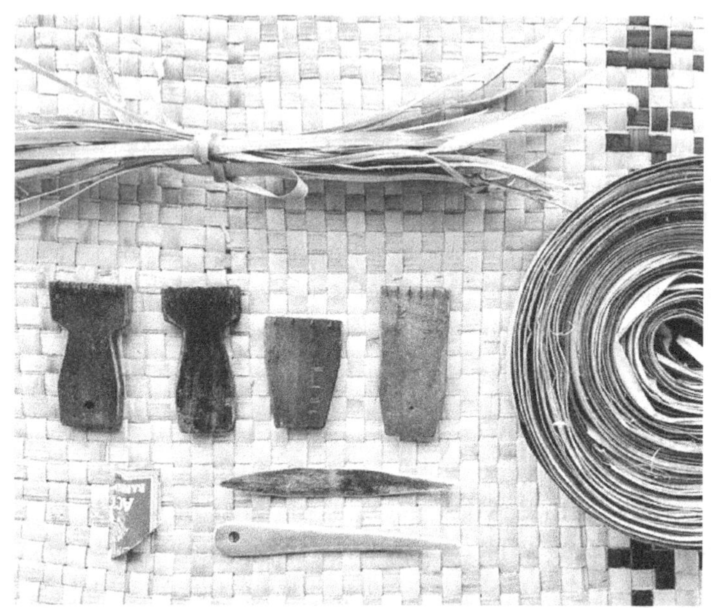

*Afb. 19 Een voivoi met daarop het materiaal wat no-
dig is om dit te kunnen maken.*

*Afb. 20 Presentatie van de tapastof en voivoi matten
aan koningin Elisabeth II op 17 december 1953.*

Net als de masi worden aardachtige bruine en zwarte tinten gebruikt, al wordt tegenwoordig ook gebruik gemaakt van gekleurde garen om gerafelde randen te vervaardigen. De bladeren van de pandanus hebben van nature een subtiel kleurverschil en de vrouwen die de matten weven zorgen ervoor dat zij de juiste tinten bij elkaar zoeken om een aangenaam patroon te weven.

Er zijn verschillende soorten matten voor verschillende gelegenheden, sommigen zijn geschikt als geschenk tijdens formele gelegenheden zoals een huwelijk, anderen voor nuttig gebruik in een huishouden. De patronen op de matten die worden gebruikt als muur of vloer in traditionele huizen zijn relatief eenvoudig vanwege hun grote omvang. Maar bij kleinere matten zijn de patronen erg gedetailleerd en artistiek.

Een bekend en kostbaar type mat is de Kuta, gemaakt door vrouwen in Vanua Levu, en dan met name Sasa in Macuata en Nuruwai in Bua. Deze matten worden gemaakt van het dunnere Kuta riet, wat niet overal in Fiji voorkomt en dus zeldzaam is. Ook zijn er veel meer handelingen nodig om een mat te weven, Een gemiddeld formaat Kuta kost zo'n €250,- tot €300,-

Fiji kent nog altijd een levendige handel in masi en matten, die veel gebruikt worden als geschenken tijdens ceremonies zoals huwelijken en begrafenissen of om bijzondere evenementen te herdenken, zoals het bezoek aan Fiji van koningin Elisabeth II op 17 december 1953 waarbij zij matten en masi aangeboden kreeg. Dankzij de beschikbaarheid van voorbewerkte pandanus bladeren is de productie van matten eenvoudiger geworden. Matten zijn dan ook veelvuldig beschikbaar op markten waar zij ook worden verkocht aan toeristen.

De matten die de vrouwen op de foto presenteren aan de koningin van Engeland lijken in eerste instantie té eenvoudig als geschenk voor een koningin. De eenvoud is echter een indicatie van het belang. In Fiji geldt: hoe eenvoudiger het ontwerp, hoe betekenisvoller de functie.

Huisvesting en architectuur

In het traditionele Fiji was de indeling van de nederzettingen eenvoudig en praktisch. De nederzettingen waren zo ingericht dat ze voldeden aan de fysieke en sociale behoeftes en voor gemeenschappelijke veiligheid zorgde. Naast de huizen van de inwoners bestond een nederzetting uit een ontmoetingshuis en een geesten of godenhuis. De woonhuizen waren vierkant van vorm met een piramideachtig gevormd dak. De muren en het dak waren met riet bedekt. Verschillende planten voor praktisch gebruik werden nabij de huizen geplant.

Het godenhuis (bure kalou) stond op een piramidevormige verhoging van grote stenen en aarde. Het huis zelf was een vierkante hut met een verhoogd piramide vormig dak. Verschillende flora werd bij dit gebouw geplant.

Het huis van het opperhoofd had hetzelfde ontwerp als de andere huizen maar was hoger gelegen dan de andere huizen en, uiteraard, met een grotere omvang.

Met de komst van andere gemeenschappen uit onder andere Azië werd ook hun culturele architectuur herkenbaar in het straatbeeld van de grotere dorpen, in eerste instantie op de twee hoofdeilanden Viti Levu en Vanua Levu. Huidige dorpen in Fiji komen qua indeling overeen met de traditionele nederzettingen maar gebouwd met moderne bouwmaterialen. De bure kalou zijn vervangen voor kerken met variërende ontwerpen.

Afb. 21 Het huis van het opperhoofd van Vusama Village in het midden van het dorp op een verhoging.

Afb. 22 Een Bure-Kalou afgebeeld in Le Tour de Monde, volume 1 uit 1860, getekend door Alexandre de Bar.

Afb. 23 Afbeelding van het interieur van een traditioneel huis uit Voyage au Pôle Sud et dans l'Océanie sur les corvettes L'Astrolabe et La Zélée van Jules Dumont d'Urville uit 1846.

De dorpen en steden van het vroeg koloniale Fiji kwamen overeen met de meeste andere Britse kolonies in de 19de en 20ste eeuw in de tropische regio's van de wereld. Hoewel sommige van deze architectuur bewaard blijft, ontwikkelen deze dorpen en steden zich met sprongen met moderne architectuur gebaseerd op het bedrijfsleven, de industrie en de huishoudelijke sector. De landelijke gebieden ontwikkelen zich trager.

Scheepvaart

De Fijiërs worden beschouwd als de meest ervaren kanobouwers van de Stille Oceaan. Ze gebruikten deze kano's voor hun handel met Tonga. Met deze dubbele onderling verbonden kano's met een zeil konden zij wel 100 tot 150 zeemijl per dag afleggen.

Deze zogenaamde wangga ndrua, waren de grootste en beste zeewaardige kano's die ooit waren gemaakt in Oceanië voordat zij in contact kwamen met Europeanen. Drua's konden 30 meter lang zijn met een diepgang van 2 meter en tot wel 250 mensen vervoeren. Ondanks het feit dat ze kano worden genoemd was het geen boomstamkano (gemaakt uit één boom) maar schepen die uit verschillende planken waren opgebouwd. De aan elkaar verbonden kano's zagen er hetzelfde uit met het verschil dat één kano groter was dan de andere waarbij de kleinste fungeerde als een soort uithouder. Beide kano's werden met elkaar verbonden via boomstammen met daarop een platform die tot voorbij de randen van de kano rijkte.

Afb. 24 Fijische drua, foto uit de 19de eeuw door John Horsburgh.

Voedingsgewoonten

Het dieet van de Fijiërs vóór de kolonisatie bestond uit knolgewassen, groenten en fruit, maar ook een zekere hoeveelheid dieren zoals het wilde varken en verschillende vogels. De stammen aan de kust hadden naast deze bronnen ook de beschikking over een grote hoeveelheid voedsel uit de oceaan. Het voedsel werd op smaak gebracht met kruiden en specerijen en bereid boven een stenen houtgestookte oven. De meeste kookgelegenheden bevonden zich in het midden van het huis zodat de rook de aanwezige insecten zou verjagen en bovendien het riet bedekte dak zou verstevigen.

Een andere geliefde methode om het voedsel te bereiden was de lovo, of aardoven. Vandaag de dag wordt deze vooral nog gebruikt bij speciale gelegenheden zoals een begrafenis, huwelijk, kerstmis of verjaardag. De lovo komt overeen met de Polynesische umu. In een put worden hittebestendige stenen geplaatst. Boven op de stenen wordt een vuur gestookt. Wanneer de stenen gloeiend heet zijn, wordt in bananenbladeren gewikkeld voedsel in de lovo gelegd, waarna het geheel wordt afgedekt met aarde. Na twee tot drie uur is het voedsel gaar en worden de pakketjes opgegraven en gegeten. Vandaag wordt zo onder andere nog palusami gemaakt, een pakketje van taro bladeren (rourou) met dikke kokosmelk, uien, zout en vleesconserven. Kip, vis en vlees wordt eerst gemarineerd in saus en knoflook waarna het wordt ingepakt in aluminiumfolie.

Het traditionele calorierijke dieet paste goed bij de traditionele levensstijl van hardwerkende boeren en krijgers. Tegenwoordig krijgen de Fijiërs echter minder beweging, waardoor het traditionele dieet heeft gezorgd voor een groot aantal chronische zieken met obesitas, diabetes en hart en vaatziekten. In recente jaren hebben ook veranderingen in het voedingspatroon van de Fijiërs plaatsgevonden. Er wordt meer energierijk voedsel gegeten en juist minder fruit en groenten. Voorbewerkt voedsel is tegenwoordig overal beschikbaar in winkeltjes en cafeetjes en bovendien goedkoper. Voorbewerkt voedsel bevat echter grote hoeveelheden suiker en zout. Onderzoek naar de voedingsgewoonten onder jongeren heeft aangetoond dat 90% van de kinderen dagelijks limonade met suiker drinken en 74% minder fruit en groenten zijn gaan eten. Traditionele maaltijden worden echter nog altijd gewaardeerd en genuttigd tijdens speciale gelegenheden.

Het huidige dieet van de Fijiërs is gevarieerder geworden door met name de introductie van de Indiase keuken, maar ook de Europese en Chinese keuken heeft invloed gehad. In de meeste huishoudens, zo niet alle, zijn deze invloeden gemeengoed geworden en worden zij naast én met de traditionele keuken gebruikt.

Voor de meeste landelijke Fijiërs bestaat het ontbijt uit zelfgemaakte broodjes, roti, Topoi (soort dumplings gekookt in licht kokoswater) of een lang Fijisch brood. Het brood wordt gegeten met boter en jam. Bij het ontbijt wordt vaak een kopje thee gedronken, gemaakt van zwarte thee bladeren, verse citroenblaadjes of citroengras, het zogenaamde Fiji-gras. De lunch bestaat meestal uit een verse vissoep met dalo (taro) of rourou (dalo bladeren) met gekookte tapioca (cassave).

Het is gebruikelijk dat de man vóór het avondmaal wat yaqona drinkt, maar tijdens het eten wordt vooral water gedronken. Soms wordt vóór een avondmaal kokoda geserveerd. Kokoda is een gerecht van rauwe Walu (botermakreel) met miti (kokossaus). De verse vis wordt gedurende enkele uren gemarineerd in versgeperste citroen of limoen. Dit proces wordt door de Fijiërs 'koken' genoemd. Nadat het 'gekookt' is wordt dikke kokosmelk toegevoegd, samen met fijngesneden tomaten, chilipeper en zout en vervolgens nog zo'n twee uur in de koelkast gezet waarna het geserveerd kan worden als vooraf.

Het avondmaal zelf bestaat meestal uit stoofpot, curry of soep gemaakt van vlees, vis of kip. De stoofschotels worden bereid met vlees, aardappelen en groenten en zijn erg gezond. De soepen in Fiji zijn ook erg gezond omdat hiervoor het beste vlees wordt gebruikt en veel verse groente wordt toegevoegd.

Toetjes of snacks komen algemeen voor en worden gegeten tussen of ná de maaltijden. Meestal drinkt men koffie in de ochtend en thee in de middag. Veelvoorkomende snacks bij de koffie en thee-momenten zijn met custardpudding, pompoen of ananas gevulde taarten. Gestoomde pudding komt ook veel voor, maar zijn rijk aan suikers en vetten. De meeste huishoudens maken gebruik van kokos, gekarameliseerde suiker voor de kleur, bloem en bakpoeder als belangrijkste ingrediënten. Het puddingmengsel wordt in blikken gegoten en één tot twee uur gestoomd. Soms voegt men kaneel of rozijnen toe voor de smaak. Gebrande suikerpudding (purini of pudini) is een van de favoriete puddings in de Fijische keuken. Deze pudding werd waarschijnlijk geïntroduceerd door de Engelsen, uitgaande van hun voorliefde voor taart en gestoomde pudding. De Fijiërs maken ook toetjes van cassave, de cassave wordt eerst geraspt waarna suiker wordt toegevoegd. Dit wordt vervolgens verpakt in bananenbladeren en gestoomd.

De Fijiërs beschikken over een grote keuze uit groenten en fruit. In het bijzonder houden de Fijiërs erg van kokos. Vele gerechten worden met deze steenvrucht op smaak gemaakt. De kokospalmen groeien in vrijwel alle kustplaatsen en worden niet alleen als voedsel verbouwd maar ook als belangrijk winstgewas.

Dalo, of taro is een zetmeelrijk knolgewas met een smaak die vergelijkbaar is met artisjok en het belangrijkste basisvoedsel voor speciale gelegenheden. Deze bron van vezels is verkrijgbaar in zo'n 70 verschillende varianten. Sommigen worden roze of geel na het koken. Taro kan worden gekweekt in elke bodemgesteldheid. Taro bladeren (rourou) is het meest belangrijke winst-

Afb. 25 De lovo, oftewel aardoven.

Afb. 26 Het bereiden van een krabsoep met kokos en kerrie boven een houtgestookt vuur.

gewas voor de traditionele Fijische gemeenschappen. Deze bladeren worden dagelijks gebruikt in de maaltijden, maar ook voor ceremoniële gerechten zoals palusami.

Tavioka, of cassave, heeft de yams vervangen en is tegenwoordig het meest gecultiveerde gewas in Fiji. Het wordt gekookt in water met zout tot ze zacht zijn en vervolgens gegeten met stoofschotels en curries.

De zoete aardappel (Kumala) was geen traditioneel gewas in Fiji. Dit gewas werd geïntroduceerd vanuit Papua Nieuw-Guinea. Het groeit eenvoudig en staat garant voor een goede opbrengst. Het is het goedkoopste gewas en wordt door het merendeel van de bevolking gegeten in hun soepen, stoofschotels en curries.

De broodvrucht, uto, is een gewas wat seizoensgebonden beschikbaar is. De meeste huishoudens hebben hun eigen broodbomen in het dorp. De broodboom is van oorsprong afkomstig van Nieuw-Guinea en in Oceanië geïntroduceerd door de Polynesiërs, die de boom over hun gehele woongebied hebben verspreid.

Rijst, raisi, werd geïntroduceerd door de Indische immigranten en wordt tegenwoordig in heel Fiji verbouwd voor huishoudelijk gebruik.

Bele, ook wel hibiscus spinazie (Abelmoschus manihot) is de meest traditionele groente in Oceanië. Het is een voedzame bladgroente die in vrijwel elk huishouden wordt gekweekt. De bladeren zijn een rijke bron van vitaminen en mineralen zoals ijzer en magnesium, pro-Vitamines A en C. De bladeren bevatten ook veel foliumzuur, een belangrijke voedingsstof voor zwangere en zogende vrouwen.

Bladeren van de amaranthus, tubua, worden ook veelvuldig gebruikt door de meeste huishoudens in Fiji. De planten hebben een aardse, volle smaak en wordt door sommige restaurants wel Chinese spinazie genoemd. Andere bladeren die worden gegeten zijn onder andere die van de pompoen, cassave en zoete aardappel.

Sport
In het prekoloniale Fiji werden sporten beoefend waarmee de krijger zijn vaardigheden kon oefenen. Sport had dus met name een praktische reden. Deze sporten worden niet langer meer beoefend door de Fijiërs.

De huidige Fijiërs hechten nog altijd veel belang aan sporten. Golf en voetbal waren vooral populair bij de Indische bevolking in Fiji, maar wordt langzaam ook steeds populairder bij de inheemse Fijiër. Zij staan echter vooral bekend om hun liefde voor Rugby wat rond 1884 werd geïntroduceerd door de Britse kolonisten. Rugby kent twee varianten, Rugby Union en Rugby League. Rugby Union is de meest populaire sport in Fiji. Anno 2017 heeft Fiji 560 Rugby Union verenigingen met een totaal aantal leden van 37.570, waarvan 8.770 volwassenen. Het hoogste niveau wat gespeeld kan worden is de Colonial Cup. Het Fiji national rugby union team heeft in vijf Rugby World Cup competities gespeeld. Het Fijische Rugby Sevens team (een spelvariant van Rugby Union) bevindt zich altijd bij een van de beste twee of drie teams van de wereld. Tijdens de Olympische Spelen van 2016 stond Rugby voor het eerst sinds 1924 weer op het programma. Fiji won goud op het Rugby Sevens mannentoernooi (een versie van Rugby Union) waarmee zij hun superioriteit in de sport nogmaals bewezen. Rugby

League is eveneens aan populariteit aan het winnen sinds het in 1992 in Fiji voor het eerst werd geïntroduceerd. Fiji heeft een nationale competitie tussen 12 grote teams. Het Fiji national rugby league team staat bekend als Fiji Bati (krijgers) en speelde mee in drie Rugby League World Cup competities.

Meke
Een element uit het dagelijks leven van de Fijiërs dat nagenoeg niet is veranderd in de laatste honderd jaar is de meke, een uitvoerende kunst van zang en dans. Legendes en verhalen werden generaties lang doorgegeven via deze artistieke expressie. Het woord meke is verwant aan de woorden maka in het Rotumees en mele in het Hawaiiaans. De Meke wordt meestal uitgevoerd tijdens een viering of een festival.

Afb. 27 Ansichtkaart uit 1903 van een Meke uit de collectie van de Newberry Library.

Traditioneel werd de begeleidende muziek alleen gemaakt door gezang, ritmisch klappen en drumgeluid van de lali, een holle boomstam waarop geslagen werd met bamboestokken. Recent is daar de gitaar en ukelele aan toegevoegd.

Mekes worden opgevoerd door groepen die alleen bestaan uit mannen of alleen vrouwen. Buitenlandse invloeden hebben er echter toe geleid dat ook combinatiegroepen met mannen en vrouwen dansen opvoeren. Zo is de ma'ulu'ulu uit Tongo door de Fijiërs overgenomen als hun vakamalolo, een zittende dans.

Tijdens formele mekes voeren de mannen een knuppel en speer dans op en de vrouwen een waaier dans. In dorpen volgt na de dans het gebruik van de fakawela waarbij de dansers een geschenk krijgen als waardering voor hun optreden, veelal fijne stoffen. Gedurende bruiloften of andere vieringen die twee partijen samen brengt worden de dansers omwikkeld met lange rollen stof of wordt geld opgehaald terwijl zij dansen.

Professor Friedrich Ratzel schreef in 1896 in zijn boek The History of Mankind over de Fijische meke dat deze zowel dans als zang omvatte die slechts door een enkeling kon worden opgevoerd. Zij die deze Mekes opvoerden beweerden dat zij in de spirituele wereld les kregen van de goden hoe zij moesten zingen en dansen. Hij schreef dat volgens het ideaal van de Fijische dichter elke vers van poëzie eindigde met dezelfde klinker in een regelmatige maat. Dit werd in de praktijk vaak bereikt door het gebruik van willekeurige afkortingen of verlengingen en het weglaten van woorden of delen daarvan.

Sterfte en zielsvoorstelling

Bij een overlijden komen verwante clans en familieleden
bij elkaar in een religieuze en sociale bijeenkomst om
hun verdriet te delen en de band tussen hen te bevestigen.
Zoals eerder reeds beschreven hebben de cross cousins
de verantwoordelijkheid elkaar te begraven wanneer de
ander sterft.

Direct na het overlijden volgt de Reguregu, de aanloop
naar de begrafenis waar alle vrienden en grootfamilie
langskomen om hun respect te betuigen. Afhankelijk van
de provincie schrijft de etiquette een presentatie voor van
matten, yaqona en tabua.

Enkele dagen na de Reguregu vindt de daadwerkelijke
begrafenis plaats waarbij matten en masi over het graf
worden gelegd. Vroeger werd een overledene begraven
met dierbare eigendommen of middelen die hem konden
helpen in het hiernamaals, zoals hun tabua, knuppel en
zelfs hun gewurgde vrouwen.

Het overlijden wordt herdacht tijdens de begrafenis.
Deze herdenking wordt herhaald op de vierde en tiende
dag na de begrafenis. Aan de kust wordt een Benion
boom geplant om zo de overledenen te wijzen waar hun
eiland lag. Honderd dagen na het overlijden komt de
periode van rouw tot een einde en worden de verschillende taboes (tabu) voor familieleden opgeheven tijdens
de Vakataraisulu ceremonie. Het graf wordt vervolgens
gecementeerd. Een jaar later wordt een nieuwe herdenking georganiseerd waarbij de familieleden van zowel
vaders als moeders zijde bijeen komen. Vandaag de dag
worden deze ceremonies minder streng uitgevoerd als in
het verleden.

Het hiernamaals

Waar de vorige paragraaf eindigde met de dood, begint deze paragraaf met het hiernamaals. Beiden waren namelijk onlosmakelijk met elkaar verbonden. Het hiernamaals oefende met zijn vele, wraakzuchtige goden en vergoddelijkte voorouders direct invloed uit op de levenden, terwijl levende nakomelingen ook hun maatschappelijke positie ontleenden aan deze afstamming.

Het is dan ook opvallend dat Rev. Joseph Waterhouse in 1854 reeds opmerkte dat het religieuze denkbeeld van de traditionele Fijiërs niet verder ging dan het huidige leven en zij zich geen zorgen maakten om hun ziel in het hiernamaals. Mogelijk had dit te maken met het feit dat men zich in het huidige leven aan zo veel taboes moest houden dat het toch praktisch onmogelijk was een straf in het hiernamaals te ontlopen.

Traditionele Fijiërs geloven dat het hiernamaals overeenkomt met het huidige leven op aarde. Zij geloven dat de ziel van een overleden persoon vertrekt voor een reis naar Bulu, het huis van de doden, soms omschreven als het paradijs.

Volgens overlevering zou de ziel van een overleden persoon vier dagen lang rond het huis van de overledene blijven ronddwalen. Hierna reist de ziel door naar een punt, Drakulu of Thimbathimba, vanwaar hij een sprong kan maken om te vertrekken (dit kan zijn een klif, boom, een steen op het strand). Vanaf hier begint zijn reis naar het land van de geesten (Vanua Ni Yalo). Deze reis is erg gevaarlijk voor de ziel omdat de god Ravuyalo alles doet wat binnen zijn macht ligt om er voor te zorgen dat de ziel zijn reis naar Vanua Ni Yalo niet kan voltooien.

Elk eiland en vrijwel elk dorp beschikt over zijn eigen Drakulu of Thimbathimba vanwaar men kon vertrekken en de weg kon volgen naar het hiernamaals. Deze plek lag meestal in het westen of noordwesten. Van al deze vertrekplaatsen lijkt Nai Thombothombo, aan de kust van Mbua op Vanua Levu, de meest populaire te zijn geweest. Zo'n acht kilometer vóór Nai Thombothombo ligt een eenzame heuvel van harde rode klei bedekt met zwarte keien genaamd Takiveletawa. Hier aangekomen zal de overleden ziel proberen de ziel van de walvistand (die tijdens de begrafenis in zijn hand was gelegd) tegen een spirituele pandanus (schroefpalm) te gooien. Als hem dat lukt mag hij de heuvel beklimmen en wachten op de ziel van zijn gewurgde vrouw of vrouwen. Als hij miste moest hij ook wachten in deze afgelegen rustplaats, klagend over het gebrek aan genegenheid van de zijde van zijn vrouw en vrienden die hem beroven van zijn metgezellen. Hij zou dan klagen: "Wat is dit? Lange tijd verbouwde ik voedsel voor mijn vrouw, en dit was van grote waarde voor haar en haar vrienden. Waarom wordt haar dan niet toegestaan mij te volgen? Houden mijn vrienden dan niet meer van mij dan dit? Na zoveel jaar van zwoegen? Wil niemand, uit liefde voor mij, mijn vrouw wurgen?"

Als de overleden ziel van een vrijgezel was moest hij uitkijken voor de greep van de Grote Vrouw, die zich schuil hield in de omgeving van de heuvel, alleen om verderop een nog groter gevaar te moeten trotseren. Van alle geesten had die van de vrijgezel het meeste te verduren. Nangganangga, de beschermgod van gehuwde stellen, koestert een grote haat jegens vrijgezellen en ziet erop toe dat geen van hen het paradijs zal bereiken. Deze hopeloze geesten weten dat het zinloos is om voor deze god te vluchten tijdens vloed. Daarom verbergen zij zich aan de overkant van het rif, hopende dat de Charon van dat district in Fiji medelijden met hen heeft en hen alsnog in zijn kano toelaat. Nangganangga zit bij de fatale steen en lacht om de doelloze poging van de geest om te ontsnappen aan zijn toorn. Hij vraagt hem of de geest soms denkt dat het nooit meer vloed wordt en hoe zij hem denken te ontwijken. Zodra de vloed terugkeert wordt de van angst rillende geest teruggespoeld naar het strand waar Nangganangga hem opwacht en voor de onvergefelijke zonde van het vrijgezellenleven op de grote zwarte steen verplettert, zoals men rot brandhout verplettert.

De geest van de overleden man die wel getrouwd was, kijkt uit naar zijn vrouw of vrouwen voordat hij met hen samen verder reist. Als zij niet komen reist hij, bedroeft over hun afwezigheid, alleen verder. Met zijn knuppel in de hand gaat hij aan boord van de kano die hem verder brengt naar degene die zal rechtspreken over zijn ziel. Tijdens zijn reis naar Bulu reist de ziel door Nambanggatai. Dit dorp is deels zichtbaar en deels onzichtbaar. Het zichtbare deel wordt bewoond door stervelingen, het onzichtbare deel door de goddelijke geestenjagers. Een parkiet kondigt de komst van de kano aan door zovaak te kwetteren als dat er zielen in de kano zitten. Bij een groot aantal zielen blijft de parkiet kwetteren. Deze aankondiging heeft twee redenen: het waarschuwen van de stervelingen zodat zij alle ramen en deuren tegenover elkaar open kunnen zetten zodat de geest vrije doorgang heeft, en om te voorkomen dat de jagers verrast worden door een geest. Tot 1847 werden de geesten opgejaagd door

Samu, of Ravuyalo. Maar door een onduidelijk ongeluk kwam deze godheid om het leven waarna zijn zonen deze taak van hem over moesten nemen. Bij het horen van de parkiet verstopten Samu en zijn broers zichzelf in een spiritueel mangrovebos net voorbij het dorp. Zij plaatsen een stok in de weg als verbodsteken voor de geest om die kant op te reizen. Als de geest moedig is gaat hij, tegen het tabu in, verder met opgeheven knuppel. Voordat Samu met hem zal strijden vraagt hij de geest eerst wie hij is en waar hij vandaan komt. Velen hebben de diepge- wortelde gewoonte om te liegen in de onderwereld en maken zichzelf veel belangrijker dan wie zij werkelijk zijn. Deze geesten worden direct door Samu geveld. De andere geesten die wel eerlijk antwoord hebben gegeven moeten strijd leveren tegen Samu. Als de geest wordt gedood door Samu wordt hij gekookt en gegeten door Samu en zijn broeders. Als Samu hem weet te verwonden wordt hij gediskwalificeerd om verder te reizen naar de oppergod Degei en is hij gedoemd voor altijd te dwalen door de bergen. Als de geest Samu weet te verslaan mag hij verder reizen naar Degei.

Zij die aan de toorn van Samu weten te ontsnappen lopen door naar Naindelinde, een van de hoogste pieken van de Kauvandra bergen. Het pad naar Bulu eindigt hier abrupt aan de rand van een afgrond. Onder aan de af- grond ligt het grote meer Murimuria. Aan de overkant van de afgrond bevindt zich een grote peddel. Volgens sommigen wordt deze vastgehouden door Degei zelf, maar volgens de meerderheid door een oude man en zijn zoon die in opdracht van Degei handelen. Zij zullen de geest vragen: "Onder welke omstandigheden komt u tot ons? Hoe heeft u zich gedragen in de andere wereld?"

Als de geest van een opperhoofd is geweest zal hij zeggen: "Ik ben een groot opperhoofd, Ik leefde als een opperhoofd en mijn gedrag was dat van een opperhoofd. Ik had grote rijkdom, veel vrouwen en heerste over een machtig volk. Ik heb vele dorpen vernietigd en velen gedood tijdens oorlog." Waarop de oude man en zijn zoon zullen antwoorden: "Goed, goed. Neem plaats aan de brede kant van de peddel en verfris uzelf op in de koele bries." De geest heeft nog geen plaats genomen of de handgreep van de peddel (die landinwaarts ligt) wordt gedraaid waardoor de geest hals over kop in de diepe wateren onder hem zal vallen, om uit te komen bij Murimuria. De geesten die de gunst van Degei hebben verdiend zullen gewaarschuwd worden om niet op de peddel plaats te nemen, maar naast de mannen te gaan zitten die de peddel vasthouden. Na een korte rustpauze zullen ze in Burotu teruggestuurd worden naar waar zij vandaan kwamen en worden vergoddelijkt.

Murimuria is een deel van Bulu waar de meeste geesten zullen worden gestraft of beloond. Burotu is in Fiji het equivalent van de Elyzische velden. Het wordt omschreven als een plaats met geurende bosjes, gezellige open plekken wat wordt toegelachen door een onbewolkte hemel. Er is overvloed van alles wat de mens zich maar kan wensen. De geneugten van Burotu zijn zo bijzonder en zeldzaam dat het woord spreekwoordelijk wordt gebruikt om een ongewone vreugde te beschrijven.

In de meeste delen van Bulu leven de bewoners zoals op aarde. Ze planten gewassen, leven in families en vechten. Er wordt echter gezegd dat ze groter zijn dan op aarde. Rond 1850 werd door de Fijiërs gesproken over een eerste, tweede en derde hemel, maar men leek niet de verschillen per hemel te kunnen uitleggen.

Verschillende straffen werden opgelegd aan hen die niet hebben geleefd zoals het de goden behaagt. Sommigen worden in rijen met hun gezicht naar de grond neergelegd en zo veranderd in bedden van taro. Zij die hun oren niet hadden laten piercen zijn gedoemd om voor eeuwig het hout op hun schouders te dragen waarmee tapastof wordt geslagen. Zij worden door een ieder die hen tegenkomt uitgejouwd. Vrouwen die geen tatoeages hebben worden achterna gezeten door andere vrouwen die hen zonder pardon in stukken scheuren en snijden met scherpe messen, of er wordt van hen brood gebakken voor de goden. Mannen die geen vijand hebben gedood worden veroordeeld om met hun knuppel te slaan op een hoop vuilnis omdat zij hun wapen zo slecht hebben gebruikt toen zij nog in hun lichaam zaten. Een Fijiër beschouwt deze straf als de meest vernederende van alle straffen. Er zijn zoveel verschillende straffen dat het erop lijkt dat het voor vrijwel niemand mogelijk is een goddelijke status te bereiken. Bovendien worden vele zielen verslonden door verschillende goden waardoor maar weinig zielen de verschillende streken van Bulu bereiken. Zelfs van de zielen die Bulu wel bereiken kan men discussiëren over hun onsterfelijkheid. Vele Fijiërs geloofden in een toekomstige wereld, maar sommigen geloofden ook in een totale vernietiging.

3. Religie

Christendom
Het Christendom bereikte Fiji via Tonga, waar men meer open stond voor de Europese bezoekers. Terwijl de invloed van Tonga op Fiji groeide, bekeerde de prins van Tonga, Enele Ma'afu zich tot het Christendom. Hierdoor werd het Christendom ook sneller geaccepteerd in Fiji. Met de bekering van Ratu Seru Epenisa Cakobau in 1854, de krijgsheer die de stammen van Fiji verenigde en zichzelf in 1871 tot koning uitriep, was de opkomst van het Christendom in Fiji niet meer te stoppen. Nadat Fiji een Britse kolonie was geworden werden de oude tempels afgebroken en geleidelijk vervangen door kerken.

Tegenwoordig bestaat er een grote diversiteit aan religies in Fiji. Het Christendom is met zo'n 450.000 volgers het dominante geloof, vele verschillende stromingen zijn aanwezig in Fiji, maar de meeste Christenen hangen het Methodisme aan, een protestante stroming die uit de Anglicaanse kerk in de 18de eeuw is ontstaan in het Verenigd Koninkrijk.

Onder de vele Indo-Fijiërs is het Hindoeïsme met 260.000 volgers dominant, gevolgd door de Islam met 55.000 volgers. Overige geloofsstromingen omvatten zo'n 10.000 volgers.

De introductie van het Christendom in Fiji resulteerde in een verbod op enkele diepgewortelde tradities. In het pre-christelijke tijdperk kwam het offeren van mensen voor. Zo werden mannen levend begraven om de pijlers van het huis van het opperhoofd staande te houden. Zoals later beschreven zal worden, kwam kannibalisme in Fiji op grote schaal voor. Vijanden die gevangen waren geno-

Afb. 28 Ratu Seru Epenisa Cakobau, geboren in 1815 te Nairai, overleden op 1 februari 1883. Cokobau slaagde erin de verschillende stammen onder zijn leiding te plaatsen en eerste koning te worden van het Koninkrijk Fiji van 5 juni 1871 tot 10 oktober 1874 toen Fiji een Britse kolonie werd. Hiermee legde hij ook de basis voor de acceptatie van het Christendom in Fiji. Foto uit augustus 1869.

Afb. 29 De Bure Kalou van Vusama heeft plaatsgemaakt voor een kerk. Naast de kerk laat men planten groeien zoals men traditioneel ook bij de bure kalou deed.

Afb. 30 De Hindoestaanse Sri Siva Subramaniya tempel van Nadi is volgens de beheerders de grootste Hindoe-staanse tempel buiten India.

men tijdens de strijd werden gekookt en gegeten bij de installatie van een nieuw opperhoofd of het te water laten van een nieuw schip. Ratu Seru Epenisa Cakobau zwoer kannibalisme af toen hij zich in 1854 tot het Christendom bekeerde.

De meerderheid van de Fijische bevolking die zich heeft bekeerd tot het Christendom geloven niet meer in de oude religie van Fiji. Oude goden worden nog wel erkend en gerespecteerd, maar niet meer aanbeden. Een kleine groep Fijiërs beoefent hun oude religie echter nog altijd in privésfeer.

Traditionele religie

De beschrijving van het hiernamaals in het vorige hoofdstuk geeft reeds een eerste indruk van de traditionele religie in Fiji. Met traditionele religie wordt de religie bedoeld die reeds bestond vóórdat het land in 1874 een kolonie werd. Deze religie kan worden aangemerkt als een vorm van animisme en sjamanisme waarbij gebruik wordt gemaakt van verschillende systemen van waarzeggerij die elk aspect van het dagelijks leven sterk beïnvloedden.

Sir Basil Thomson schreef in 1908 dat religie een harde leermeester was voor de heidense Fijiërs. Het beheerste elke actie van de wieg tot het graf. De tabu schreef voor wat hij mocht eten en drinken, hoe hij zijn meerdere moest aanspreken, met wie hij moest trouwen en waar zijn lichaam moest worden begraven. Het beperkte de keuze van de vruchten van de aarde en van de zee die hij mocht eten en het beïnvloedde zijn lichamelijke houding in zijn eigen huis. Zijn hele leven liep hij behoedzaam uit angst voor woede van de goden die hem zowel binnen als buiten vergezelden. Deze wraakzuchtige goden waren vindingrijk en er altijd op uit om hem de tabu te laten overtreden, wat zijn dood zou betekenen, om hem na zo'n misstap naakt in hun midden op te kunnen nemen.

In de jaren vóór en kort ná de kolonisatie van Fiji was mythe alledaagse realiteit voor de Fijiërs. Doordat het leefde ontstonden binnen de verschillende stammen vele varianten op bepaalde aspecten van de traditionele religie. Zo was de god Dakuwaqa de stamgod voor de bewoners van Taveuni, maar had hij in andere delen van Fiji een lagere status als vergoddelijkte voorouder. Toch zijn er veel overeenkomsten binnen de religieuze wereld van de traditionele Fijiërs waardoor het als één religie beschouwd kan worden. De basis van deze overeenkomsten is het begin, de schepping.

Het scheppingsverhaal

In het begin was er alleen het water, de schemering en het eiland van de goden. Niemand weet waar dit eiland ligt, maar het drijft rond aan de rand van de aarde en kan soms gezien worden bij zonsopkomst.

Degei was de schepper god. Als hij slaapt is het nacht, als hij zich in zijn slaap draait is er een aardbeving en als hij wakker wordt is het dag. Degei leefde alleen zonder vrienden en metgezellen. Het enige levende wezen die hij kende was Turukawa de havik.

Op een dag was Turukawa verdwenen en Degei besloot haar te gaan zoeken. Hij vond haar nest met daarin twee verlaten eieren en besloot deze mee naar zijn huis te nemen. Na enkele weken broeden kwamen de eieren uit en zag Degei dat er twee kleine mensen in zaten. Hij voedde hen op en liet planten groeien om hen te kunnen voeden. Degei vertelde verhalen die de oorsprong van alles op aarde duidelijk maakte. Vervolgens gaf hij hun de verantwoordelijkheid de aarde te bevolken.

Na geruime tijd zwom Degei door de oceaan met de mensen en hun nakomelingen op zijn rug. Ze kwamen aan nabij Lautoka waar hij het dorp Viseisei stichtte, de eerste nederzetting in Fiji. Degei schiep ook Viti Levu en de andere kleinere eilanden.

Tegenwoordig leeft Degei in een grot in de Nakauvadra bergen van Viti Levu. De zielen van de overledenen moeten langs de grot van Degei reizen waar hij over hun leven op aarde zal oordelen en bepalen of zij naar het paradijs mogen doorreizen of naar het meer van straf.

Afb. 31 De Nakauvadra bergen van Viti Levu waar De- gei leeft. Uit At Home in Fiji van 1888 door C.F. Gordon

Goden en goddelijke voorouders

De traditionele religie had een hiërarchie van goden die Kalou werden genoemd, of soms in het westers dialect Nanitu. In 1854 schreef de Methodistische missionaris Rev. Joseph Waterhouse dat het onmogelijk was om het aantal goden in Fiji te schatten. Mede omdat ook de geesten van overledenen als goden werden beschouwd.

De Fijiërs maakten echter onderscheid tussen goden die van origine een god waren en vergoddelijkte voorouders. De oorspronkelijke goden werden Kalou Vu genoemd, oftewel stamgoden, de vergoddelijkte voorouders waren Kalou Yalo.

De Fijiërs kenden een groot aantal originele goden, het aantal vergoddelijkte voorouders was ontelbaar. Basil Thomson suggereerde in 1908 dat groepen die tauvu of kalou-vata waren, oftewel dezelfde goden aanbeden, een gemeenschappelijke oorsprong hadden.

De Kalou Vu waren hiërarchisch ingedeeld op grond van de omvang van hun territorium en het aantal van hun aanbidders. Sommige goden waren in geheel Fiji bekend, anderen waren lokale goden van grote of kleine territoriums, terwijl sommigen slechts goden waren voor bepaalde families.

De meeste goden werden niet aanbeden vanwege hun luisterend oor of hun liefdevolle karakter. Goden waren juist wezens met bovennatuurlijke krachten en vaardigheden die weinig aandacht voor de mens hadden.

Peter France schreef in 1966 dat plaatselijke goden er in overvloed waren maar vooral werden vereerd in legenden en liederen vanwege hun wilde obsceniteiten en hun fantastische heldendaden dan vanwege hun invloed op het menselijke leven.

De goden voedden zich met de ziel van vlees en drank,
ook verslonden zij de zielen van de overledenen die door
kannibalisme waren omgekomen.

De Fijiërs maakten van hun goden of goddelijke voorouders over het algemeen geen beeldjes die zij konden
gebruiken tijdens ceremonies of om te aanbidden. Thomas Williams en James Calvert beschrijven in hun boek
Fiji and the Fijians dat afgoderij, in de strikte zin van het
woord, niet voorkwam, omdat de Fijiërs geen materiele
representaties van hun goden maakten om te aanbidden.

De tempel en de priester
In plaats van het aanbidden van beeldjes werden bepaalde plaatsen aangewezen als heilig, zoals grote stenen,
bamboe bosjes, reusachtige bomen zoals de Baka of Ivi
bomen, grotten, ontoegankelijke delen van het bos, gevaarlijke wegen en doorgangen door het rif. Deze plaatsen werden dan beschouwd als de thuisbasis van een
zekere god en met respect behandeld en behandeld met
ontzag en een zekere angst omdat men geloofde dat de
goden ziekte en dood konden brengen of ongehoorzaam-
heid konden straffen. Anderen zorgden juist voor bescherming.

De belangrijkste goden werden aanbeden in de Bure
Kalou oftewel tempel. Elk dorp had zijn eigen Bure
Kalou en zijn eigen priester (Bete). Dorpen die een be-
langrijke rol speelden in een Vanua hadden meerdere
Bure Kalou.

De Bure Kalou werd gebouwd op een hoge fundering
van rotsblokken die overeenkomt met de ruwe basis van
een piramide. Ten opzichte van de andere bure's viel de
Bure Kalou op vanwege zijn hoge langwerpige dak in de

vorm van een piramide. In de tempel hing een lage witte masi doek vanaf de nokbalk tot aan de vloer als middel waarop de goden iets tot zich konden nemen. Meer permanente offers hingen langs de muren. Buiten de Bure Kalou liet men planten groeien met een fijne geur die tevens het spirituele contact met de goden bevorderde.

De verschillende goden werden regelmatig geraadpleegd om uiteenlopende onderwerpen zoals oorlogvoering, agricultuur en vergiffenis. De Bete (priester) fungeerde als een bemiddelaar tussen de mensen en de verschillende goden. Men probeerde de goden gunstig te stemmen met offers voor uiteenlopende zaken, maar allen voor tijdens het huidige leven, zoals een gunstige wind om te zeilen, vruchtbare seizoenen, succes in oorlog, vrijwaring van gevaar en ziekte, goed weer, regen en veel nageslacht.

R.A. Derrick schreef in 1957 dat in tijden van vrede en voorspoed de Bure Kalou vaak in verval raakte en weinig aandacht werd geschonken aan de goden. Bij droogte en schaarste herinnerden de Fijiërs zich weer hun goden, werd de tempel hersteld en de priester overstelpt met cadeaus en aandacht. Ook Rev. Joseph Waterhouse merkte in 1854 reeds op dat het religieuze denkbeeld niet verder ging dan het huidige leven en geen aandacht werd gegeven aan de ziel of het hiernamaals.

Waterhouse deed verslag van de verschillende soorten verering die in de tempel plaatsvonden. Zo kende men de livo, een daad van verzoening, de musukau, een daad van verbond of plechtige gelofte, de soro, een daad van verzoening voor een zonde en de madrali, een daad van dankzegging. Ook de eerste oogst van vruchten werden altijd gepresenteerd aan de goden.

*Afb. 32 Een Bure Kalou, nagebouwd nabij Laie, Hawaii.
Foto uit 2007 door Tijuana Brass.*

Als bemiddelaar voor de god vertrouwde de Bete op zijn dromen, wanneer hij geïnspireerd was viel hij in trance. Zijn lichaam trilde als hij werd bezeten door de god en met een vreemde stem verkondigde hij de boodschap van de god. Het was Waterhouse opgevallen dat de Bete een immense invloed had op de bevolking en door het opperhoofd vaak werd ingezet als instrument om zijn wil op te leggen aan het volk. Volgens Waterhouse werkten het opperhoofd en de priester veelal samen om hun gemeenschappelijke doelen te bereiken.

Laura Thompson beschreef in 1940 de situatie in het zuiden van Lau. Hier was de Bete in controle over de verering van de vooroudergeesten, Kalou Yalo, en dus ook over het verkrijgen van mana (voorspoed, geluk). De Bete werd daarom gevreesd en gerespecteerd. Hij beheerste de activiteiten van de mensen gedurende oorlogstijd, in tijden van hongersnood en ziekte. De voornaamste offers waren de eerste vruchten, kava, gekookte maaltijden en ook menselijke offers. Nadat de god via de Bete zijn wil had kenbaar gemaakt en het lichaam van de Bete weer had verlaten, werd yaqona geserveerd aan de Bete en begonnen hij en zijn clan aan het consumeren van de offers.

Mana

Mana is de bovennatuurlijke kracht of substantie die in alle dingen zit. Door de westerse wereld vaak vertaald als magie of kracht. Vele culturen in Oceanië kennen het concept van mana. De exacte betekenis, maar ook de werking en invloed van mana op het menselijke leven verschilt echter per cultuur.

Laura Thomspon beschreef in 1940 dat het concept van mana in Fiji sterk verbonden is met voorouderverering. Mana was de levenskracht die personen of dingen een bovennatuurlijke betekenis gaf. De aanwezigheid van mana in een persoon werd niet toegeschreven aan zijn eigen macht, deze persoon had juist macht omdat hij de tijdelijke ontvanger van de mana van zijn voorouders was geworden. De eerstgeborene van elke adellijke clan was de tijdelijke ontvanger van de mana van de voorouders van die clan. De opperhoofden hadden de machtigste voorouders en het Hoge opperhoofd was het meest heilig omdat zij de mana van de meest machtige voorouder-goden hadden ontvangen.

Ana I. González schreef in 2004 dat mana overal in kan zitten. Een steen met mana wordt in de tuin begraven om de gewassen beter te laten groeien. Mana kan ook ver-bonden zijn aan liederen, dromen of ideeën. Het is volgens González echter een willekeurige, oncontroleer-bare kracht die kan komen en gaan zonder verdere uitleg waarom.

Voor de hedendaagse traditionele Fijiërs heeft mana nog altijd dezelfde betekenis, voor de meesten heeft het echter een meer algemene betekenis gekregen. Met de komst van de bijbel in het Fijisch werd mana namelijk gebruikt om wonderen te beschrijven.

Totem
In 1957 beschreef R.A. Derrick dat vele Yavusa nog al-tijd een vogel (ijsvogel, duif of reiger), dier (hond, rat of mens), een vis of reptiel (haai, aal of slang), een boom (in het bijzonder ijzerhout of Nokonoko) of een groente ver-eerden en één of meer van deze als hun gelijke te be-

schouwen. Zij weigerden deze te verwonden of te eten.
De relatie is overduidelijk zoals die met een totem en het
is waarschijnlijk dat elke groep oorspronkelijk een serie
van drie totems erkende: manumanu (levende wezens
zoals dier, vogel of insect), vissen of groenten en bomen.

Dromen

Dromen werden gezien als middel waarmee geesten en
bovennatuurlijke krachten speciale boodschappen en
kennis konden doorgeven aan de levenden. Een droom
waarin naaste familieleden voorkwamen die een boodschap overbrachten werd een "Kaukaumata" genoemd en
was een waarschuwing voor een naderende gebeurtenis
die een negatieve invloed kon hebben op het leven van de
dromer. Volgens Derrick konden mensen ook opdrachten
krijgen via dromen, zelfs het plegen van een moord.

In sommige gevallen waren er personen wiens leven
geheel in het teken stonden van het interpreteren van
dromen. Martha Kaplan beschreef in 1995 dat Zieners
(Daurai) en dromers (Dautadra) de toekomst konden
voorspellen door te communiceren met de goden doormiddel van een trance of een droom.

Hekserij

Het raadplegen van de geestelijke wereld en deze te
gebruiken om de dagelijkse gang van zaken te beïn-
vloeden maakte deel uit van de religie in Fiji. Met behulp
van speciaal daarvoor gedecoreerde natuurlijke voorwerpen zoals een schelp omwikkeld met vezels van de
kokosnoot of een oorlogsknuppel werd een soort van
divinatie of voorspelling beoefend. Deze vorm van raad-

pleging was echter niet alleen het exclusieve terrein van de priesters.

Deze praktijken werden in de Bauan volksmond "Drau-nikau" genoemd en als verdacht beschouwd. Hierdoor was men genoodzaakt dit stiekem te doen. Derrick beschreef dat de Fijiërs alle onverklaarbare verschijnselen toeschreven aan goden, geesten of hekserij. Ziekte en waanzin waren het werk van kwaadaardige geesten, voedsel verwelkte in de tuin door een spreuk. In zulke situaties werd aangenomen dat er tovenarij in het spel was en werden maatregelen getroffen om de tovenaar te vinden en de verschijnselen tegen te gaan door zijn spreuk te overtreffen met een sterkere. A.M. Hocart beschreef in 1929 dat de Ba provincie werd beschouwd als bakermat van hekserij, maar ook Moala, Mualevu en Matuku hadden een slechte reputatie op dit gebied.

De missionaris Thomas Williams schreef in 1859 dat mensen die om de pretenties van de priesters moesten lachen, beefden voor de kracht van de traditionele beoefenaars van hekserij. Bij de mensen die zich bekeerden tot het Christendom bleef deze angst het langst over van al hun traditionele praktijken. Bedreven beoefenaars van hekserij werden door alle maatschappelijke klassen gevreesd. Sommige van deze personen, maar niet allen, waren ook priester. Elke suggestie van opzet of afgunst kon een oorzaak zijn voor het laten betoveren van een persoon. Diefstal werd opgespoord en gestraft via hekserij. Het gebruik van de spreuken was om het leven te vernietigen en de meeste mensen met een langdurige ziekte schreven dit dan ook toe aan hekserij.

Een van de manieren om dat te doen was door een kokosnoot met het oog naar boven te begraven onder de haard van de tempel. Hier werd continu een vuur brandend gehouden. Zodra het leven van de kokosnoot was vernietigd, verslechterde ook de gezondheid van de persoon die het representeerde tot aan de dood.

Bij een mangrovebos bij Matuku was er een heilige plaats voor de god Tokalau (de wind). De priester beloofde de vernietiging van een gehaat persoon binnen vier dagen als degene die iemand dood wilde hebben een deel van die persoon z'n haar, kleding of voedsel langsbracht. De priester liet een vuur branden en benaderde de heilige plaats op zijn handen en knieën. Als het slachtoffer vóór het einde van de vierde dag een bad zou nemen zou de spreuk echter verbroken worden.

De meest voorkomende methode was volgens Williams echter de Vakadranikau, een samenstelling van specifieke bladeren met magische krachten die in andere bladeren, of een bamboe kistje, zijn verpakt en begraven in de tuin van de persoon die behekst moest worden. Ook konden deze bladeren verstopt worden in het rieten dak van het slachtoffer.

Deze praktijken werden het meeste gevreesd en de bewoners van Mbua hadden de reputatie hier het meest bedreven in te zijn en de meest krachtige pakketjes te kunnen samenstellen. Volgens Williams was de verbeelding van de Fijiërs, en de angst voor deze spreuken, zo groot dat sommigen, bij het horen over een dergelijke spreuk, naar huis gingen, op hun mat gingen liggen en stierven van angst.

Degene die reden had om anderen te verdenken van het beramen van een spreuk probeerden te voorkomen om in diens aanwezigheid te eten of om etensresten achter te laten. Ze verborgen ook hun kleding zodat hier geen stukjes vanaf gehaald konden worden. De meeste Fijiërs verstopten hun afgesneden haren in hun rieten dak. Sommigen van hen bouwden zelfs een klein huis omringd door een gracht omdat zij geloofden dat de spreuk tegen hen door water werd opgeheven. Degene die het vermoeden had onder invloed te zijn van een spreuk bracht offers aan de goden, gebruikte tegenspreuken of bracht geschenken naar het opperhoofd in wiens domein de beoefenaar van hekserij woonde.

De kwade kracht van deze mensen kon voor een hele hoge prijs gekocht worden. Vrijwel alle plotselinge sterfgevallen werden toegeschreven aan deze praktijken. Met personen die werden betrapt tijdens het begraven van een betoverd voorwerp werd direct afgerekend. Als men hier pas later achter kwam werden hun huizen in brand gestoken en werden zijzelf vermoord.

Als bescherming tegen dit soort praktijken werden scherpe stokjes in de tuin geplaatst om indringers te verwonden. Deze stokjes werden op formele wijze geprepareerd waarna men geloofde dat degene met de wond geïnfecteerd zou worden met zweren, waterzucht of lepra. Een minder zwaar middel werd tabu gasau genoemd en werd vaak gebruikt in tuinen. Verschillende rietstengels werden in de aarde geduwd en hun uiteinden samengebonden in een banaan of noot gestopt. Dit had tot gevolg dat degene die iets uit de tuin probeerde te stelen steenpuisten kreeg.

In de bovenwindse eilanden was de yalovaki een veel gevreesde beproeving. Wanneer sterk bewijs bestond tegen personen die verdacht werden van een strafbaar feit, en weigerden te bekennen, vroeg het opperhoofd, die tevens rechter was, om een sjaal waarmee hij 'de ziel van de schurk' kon vangen. Deze bedreiging was zeer effectief. Over het algemeen bekende de dader direct bij het aanschouwen van de sjaal. Als hij dit niet deed werd de sjaal boven zijn hoofd gezwaaid totdat zijn ziel gevangen was. De sjaal werd zorgvuldig opgevouwen en aan het smalle uiteinde van de kano van het opperhoofd vastgespijkerd. Het gebrek van zijn ziel zou de verdachte doen wegkwijnen en sterven.

Pantheon

Zoals eerder reeds beschreven bestonden er in Fiji een ontelbaar aantal goden. De Fijiërs maakten echter onderscheid in goden die van origine een god waren en vergoddelijkte voorouders. De oorspronkelijke goden werden Kalou Vu genoemd, oftewel stamgoden, de vergoddelijkte stervelingen waren Kalou Yalo. De Fijiërs kenden een groot aantal originele goden, het aantal vergoddelijkte stervelingen is ontelbaar. In deze paragraaf wordt geprobeerd een overzicht te geven van de meest belangrijke goden van Fiji.

Adi Mailagu

Zij was een hemelgodin die zich manifesteerde als maagd, oude vrouw of rat.

Dakuwaqa

Manifesteerde zichzelf als een grote haai die in een grot op het eiland Benau leefde tegenover de straat Somosomo, die het eiland Taveuni scheidt van Vanua Levu. De straat staat tegenwoordig bekend om zijn zachte koraal en is een populaire duikbestemming voor toeristen. Dakuwaqa (achterste boot) zwom in deze regio rond in

de oceaan. Hij werd beschouwd als de god van de zee-
vaart en de vissers, maar ook de god van de flirters en het
overspel. Ter ere van Dakuwaqa werden alle haaien die
men tegenkwam gesalueerd en was het een tabu om
haaienvlees te eten. Wanneer kano's een gebied passeer-
den waarvan bekend was dat hij er regelmatig zwom,
werden kopjes yaqona en hapjes voedsel overboord gegooid om zijn gunst te winnen.

Op de Levuka en Kadavu eilanden staat hij bekend als
Daucina (expert verlichter) vanwege de fosforescentie
die hij in zee veroorzaakte als hij passeerde. Daucina had
in andere delen van Fiji echter een lagere status als Kalou
Yalo (vergoddelijkte voorouder). Het lijkt erop dat voor
sommigen Dakuwaqa en Daucina twee verschillende
goden waren.

De Anglicaanse priester William Floyd beschreef in
zijn boek Pacific Irishman over een ontmoeting van een
Engels schip, the Lady Escott, met een grote vis voor de
kust van Levuka eind 19de eeuw. De vis was 18 meter,
had bruine stippen, de kop van een haai en de staart van
een walvis (waarschijnlijk een walvishaai). De Fijische
bemanning werd massaal wakker en bezorgd en goten
een offer van yaqona in de zee. Zij concludeerden op een
gegeven moment dat dit de juiste hoeveelheid yaqona
was, aangezien de vis langzaam naar de bodem van de
zee zwom. Voor de Fijiërs was dit Dakuwaqa.

Degei
Degei is de oppergod van Fiji. Hij is de schepper van de
wereld, fruit en de mens. Degei broedde de twee eieren
van Turukawa de havik uit met daarin de eerste mensen.
Hij wordt in het bijzonder verbonden aan de Rakiraki

regio ten oosten van Viti Levu, maar in vrijwel geheel Fiji kende men deze god. Alleen op de oosterse eilanden van de Lau-groep was hij onbekend. Tegenwoordig leeft Degei in een grot nabij de top van de berg Uluda, wat onderdeel uitmaakt van de Nakauvadra bergketen van Viti Levu. Degei zal oordelen over de zielen van de overledenen. Hiervoor moeten de overleden zielen langs een van de twee grotten: Cibaciba of Drakulu, de twee grotingangen naar de onderwereld (Bulu). Sommigen stuurt hij naar het paradijs (Burotu). De meesten gooit hij echter in een meer (Murimuria) waarvan zij uiteindelijk naar de bodem zullen zinken om daar op juiste wijze te zullen worden beloond of gestraft.

Van Degei wordt gezegd dat hij zich eerst vrijelijk kon bewegen, maar langzaam in de vorm van een geringde slang vergroeid is met de aarde waar hij zich in verborg. Vanaf dat moment werd hij tevens de god van de aardbevingen, stormen en seizoenen. Als Degei slaapt is het nacht, als hij zich in zijn slaap draait is er een aardbeving of onweer en als hij wakker wordt is het dag. Hij bekommert zich niet om de mens, zijn dagelijkse cyclus bestaat slechts uit slapen en eten. Als Degei zichzelf schudt valt er vruchtbare regen waardoor heerlijk fruit aan de bomen groeit en de akkers met yam een goede oogst zullen leveren.

Degei is ook een god van toorn, die zich op een vreselijke manier kan manifesteren. Hij straft en kastijdt zijn volk door gewassen te vernietigen of een overstroming te veroorzaken. Hij kan met gemak de gehele mensheid op aarde vernietigen. Sinds hij in het binnenste van de aarde leeft wordt hij gekweld door een onverzadigbare honger waardoor hij de gehele aarde wel zou willen verorberen.

Omdat Degei als slang werd voorgesteld, of soms als half slang en half rots, worden slangen vereerd als het nageslacht van de oorsprong.

Zijn neefjes, de botenmakers, waren moe na een hele dag werken en dus schoten ze de duif en maakten zich op voor een gevecht met Degei. Hij overweldigde de twee broers met een enorme regen. Als gevolg daarvan werd hun clan, de botenmakers verspreid onder de verschillende stammen en waren zij niet langer hun eigen meesters maar de dienaren van de opperhoofden.

Gedi
Zij is de godin van de vruchtbaarheid en leerde de mensen het vuur te gebruiken van de reus die Vlammende Tand heette.

Lewalevu
Een andere godin van de vruchtbaarheid. Haar naam betekent De Grote Vrouw.

Nangganangga
Fijiërs kijken neer op iemand die vrijgezel blijft. De god Nangganangga is de beschermheer van de gehuwde stellen. Deze god doet alles binnen zijn macht om te voorkomen dat de ziel van een overleden vrijgezel door kan reizen naar Bulu, het hiernamaals.

Qurai
Ook wel Ngurai, is de god van het dorp Somosomo op het eiland Taveuni. Hij veranderde zichzelf in een rat zodat hij een bijeenkomst van de goden ongezien kon bijwonen. J.G. Frazer beschreef in 1894 dat men in Somo-

somo geloofde in een goddelijke natuur tussen mensen en goden waarbij sommige priesters en opperhoofden heilig waren. De god geniet bekendheid omdat het dorp Somo-somo vanouds het dorp is wat verbonden is met de titel Tui Cakau, het opperhoofd van de Tovata Confederatie.

Ratumaibulu
Ook bekend als Ratu Levu. Werd met offers aanbeden door de landbouwers om zich te verzekeren van een goede oogst. Ratumaibulu kwam in de maand Vula-i-Ratumaibulu van Bulu naar de wereld van de levenden om de broodboom en andere fruitbomen de laten bloeien.

Ravuyalo
Ravuyalo was de zielenslachter. Op de weg naar de on-derwereld verraste hij nieuwe geesten van de overledenen met als doel hun ziel neer te slaan met zijn knuppel.

Rokola
Rokola was een zoon van Degei. Hij werd aanbeden door de kanobouwers omdat hij het opperhoofd van de tim-merlieden was en tevens stichter van de Mataisau, de mataqali van ambachtlieden.

Rokomoutu
Rokomoutu werd door Degei gestuurd om de aarde te maken. Hij schraapte dit van de bodem van de oceaan, waar zijn mantel de aarde raakte ontstonden zanderige stranden, waar hij hem omhoog tilde ontstond rotsachtige kust.

Samu
Samu, of Ravuyalo, is de jager van geesten. Hij woont in Nambanggatai. Geesten moeten hem passeren voordat zij verder kunnen reizen naar Bulu, het hiernamaals. Voordat Samu met hem zal strijden vraagt hij de geest eerst wie hij is en waar hij vandaan komt. Velen hebben de diepgewortelde gewoonte om te liegen in de onderwereld en maken zichzelf veel belangrijker dan wie zij werkelijk zijn. Deze geesten worden direct door Samu geveld. De andere geesten die wel eerlijk antwoord hebben gegeven moeten strijd leveren tegen Samu. Als de geest wordt gedood door Samu wordt hij gekookt en gegeten door Samu en zijn broeders. Als Samu hem weet te verwonden wordt hij gediskwalificeerd om verder te reizen naar Degei en is hij gedoemd voor altijd te dwalen door de bergen. Als de geest Samu weet te verslaan mag hij verder reizen naar Degei. In 1847 overleed Samu door een ongelukkig ongeval waarna zijn zonen zijn werk voortzetten.

Tagroa Siria
Zijn naam betekent "God hierboven" of "de hoogste god" in het Rotuman. In Rotuma was hij de hoogste god in het pre-christelijke tijdperk. Hij wordt beschouwd als een lokale versie van de over de hele Stille Oceaan voorkomende Tangaroa.

Op Rotuma werd geloofd dat hij woonachtig was in 'Oroi ta, letterlijk "het verborgene", oftewel de onderwereld. Hij was de meest machtige van alle goden op Rotuma. Zijn belangrijkste rol was het verzekeren van de voorspoed en vruchtbaarheid van het eiland en de mensen. Als dank voor zijn zegen werden de eerstgeboren zonen op Rotuma in de lucht gegooid als toewijding aan Tagroa.

Tokalau
Bij een mangrovebos bij Matuku was er een heilige plaats voor de god Tokalau (de wind). De priester beloofde de vernietiging van een gehaat persoon binnen vier dagen als degene die iemand dood wilde hebben een deel van die persoon z'n haar, kleding of voedsel langsbracht. De priester liet een vuur branden en benaderde de heilige plaats op zijn handen en knieën. Als het slachtoffer vóór het einde van de vierde dag een bad zou nemen zou de spreuk echter verbroken worden.

Tui Delai Gau
De god van de bergen. Hij kan zijn handen verwijderen en deze voor hem laten vissen. Ook kan hij zijn hoofd verwijderen en deze in de lucht plaatsen als uitkijk. Tui Delai Gau leeft in een boom.

Tui Fiti
Tui Fiti is de naam van een wezen dat voorkomt in verschillende legendes van Samoa en op andere Polynesische eilanden. Tui Fiti betekent Groot opperhoofd van Fiti.

In het dorp Fagamalo op het eiland Savai'i (behorende bij Samoa) leeft volgens de mythen een goddelijk wezen genaamd Tui Fiti. Van dit dorp wordt gezegd dat het werd gesticht door Fijiërs. De verblijfplaats van Tui Fiti was een heuvel in een bos van hoge en zeer oude bomen genaamd ifilele. Tui Diti's heuvel heette vao sa, een heilig deel van het bos wat tapu was in Fagamalo. Tui

Fiti werd in Fagamalo ali'i genoemd, oftewel Groot Opperhoofd. In het dorp zijn er verder geen opperhoofden met deze titel, deze voeren allen de lagere titel tulafale.

De missionaris George Turner schreef in Samoa, a Hundred Years Ago and Long Before in 1884 dat Tui Fiti een god was die als mens verscheen en rondliep maar die niet gezien kon worden door de bewoners van Savai'i. Alleen vreemden konden zijn verschijning zien.

In 1978 arriveerde de Governor-General of Fiji, Ratu Sir George Cakobau, in Fagamalo tijdens een staatsbezoek aan Samoa en vroeg daarbij om een bezoek aan de begraafplaats van Tui Fiti. Hierbij kreeg Cakobau van de matai van Matautu de titel van Peseta (een van de hoogste titels) als bevestiging van de eeuwenoude band tussen Samoa en Fiji.

Turukawa
Turukawa de havik was de enige metgezel van Degei in het scheppingsverhaal. Toen Turukawa verdween en Degei haar ging zoeken vond hij twee eieren in haar nest. Na enkele weken broeden kwamen de eieren uit en zag Degei dat er twee kleine mensen in zaten.

Ulupoka
De god van het kwaad en de demonen. Deze god komt voor in heel Polynesië, maar vooral veelvoorkomend in Fiji. Volgens de verhalen werd Ulupoka onthoofd tijdens een gevecht met andere goden. Zijn hoofd viel op de grond, maar omdat hij onsterfelijk is stierf hij niet. Zijn hoofd rolt nu rond op aarde en veroorzaakt nu kwaad, ziekten en dood.

Vlammende Tand

In de Fijische mythologie was Vlammende Tand een reus die zo groot was dat zijn tanden er uitzagen als brandende boomstammen. De reus kwelde dorpen, at mensen op en richtte grote schade aan.

Nadat hij veel had verbrand en mensen had gegeten kwam er een groep dappere mannen bijeen. Van de vruchtbaarheidsgodin Gedi leerden zij hoe zij hem konden verslaan. Ze wisten hem in een hinderlaag te lokken onder een gigantische rots waarmee ze zijn schedel verpletterden. Zij slaagden erin de reus te doden, maar zijn tanden stonden nog steeds in brand. De dappere mannen brachten de tanden terug naar het dorp en dat was de eerste keer dat de mens vuur kreeg.

Afb. 33 Afbeelding van de rots die bekend staat als The Sleeping Giant op Viti Levu, met enige verbeelding ziet men een reus die met zijn rug tegen de berg aan ligt met zijn gezicht naar boven. De neus, zijn mond en kin zijn herkenbaar.

4. Oorlogvoering

De krijgers van Fiji
Zoals eerder bij de beschrijving van de sociale structuur werd aangegeven, vormde de Bati mataqali de traditionele krijgersklasse. Het woord Bati betekent soldaat of beschermer en is afgeleid van het woord voor tand of rand. In het oude Fiji had men twee soorten van onderwerping aan het opperhoofd, de Qali en de Bati. De Qali was een provincie of dorp dat direct onder het opperhoofd viel. De Bati viel niet direct onder hem en werden minder gerespecteerd. De Bati leefden aan de rand van de invloedssfeer van een opperhoofd en boden hem hun diensten aan. Hieruit zijn de termen Mataqali en Bati ontstaan.

Tegenwoordig wordt de Bati beschouwd als de traditionele krijgerklasse bestaande uit de sterkste Fijiërs. Er waren verschillende soorten krijgers, zoals de Bati Balavu, de krijgers die het opperhoofd op grote afstand beschermden en de Bati Leka die de binnenste ring van krijgers rondom het opperhoofd vormde en tevens de persoonlijke beschermers van het opperhoofd leverden. Er bestonden ook Bati Kadi, een klasse van huurlingkrijgers.

De in onze ogen meest wrede oefening voor krijgers was wel die waar ervaren krijgers gewonde krijgsgevangenen meebrachten naar het dorp waarop jonge toekomstige krijgers hun boogschietkunsten konden oefenen.

De Cibi en de Bole

De Cibi was een Meke afkomstig van het eiland Bau voor de kust van Viti Levu, en wordt beschouwd als de traditionele oorlogsdans. De Cibi werd vóór of ná de veldslag uitgevoerd.

De Cibi dateert uit de tijd van de vele oorlogen met Polynesische en Melanesische volkeren en interne stammenoorlogen. Wanneer de krijgers terugkeerden van een veldslag riepen zij hun overwinningen om en hielden voor elke gedode vijand een vlag omhoog. Zij werden dan opgewacht door de vrouwen die liederen zongen en daarbij dansten. De Cibi was bedoeld om tijdens een openlijke strijd de troepen te inspireren, maar het werd met meer kracht gezongen als het zegevierende leger terug naar huis keerde om hun overwinning te vieren.

De Cibi werd wereldwijd bekend toen het Fiji national rugby union team in 1939 voor het eerst een Cibi opvoerde voorafgaand aan hun eerste tour of New Zealand wedstrijd. Hun aanvoerder Ratu Sir George Cakobau was van mening dat zijn team een oorlogsdans moest hebben als antwoord op de All Blacks' Haka (de haka die wij van de Maori's kennen). Zijn team adopteerde de Cibi en werd het enige team wat ooit volledig onverslagen bleef tijdens een volledige tour of New Zealand.

Recent is discussie ontstaan over het juiste gebruik van de Cibi. De naam betekent namelijk "een viering van overwinning door krijgers", wat suggereert dat de Cibi ná een veldslag (of wedstrijd) opgevoerd moest worden. De vergelijkbare Bole, wat uitdaging betekent, is meer gepast voorafgaand aan een wedstrijd als aanvaarding van de uitdaging. Om deze reden werd de Cibi in 2012 vervangen met de nieuwe Bole strijdkreet. De volledige tekst van deze bole is als volgt:

Fijisch	*Nederlands*
Ai tei vovo, tei vovo	Maak klaar, maak klaar,
E ya, e ya, e ya, e ya;	Oh, oh, oh, oh, oh, oh, oh, oh, (uitgesproken als waarschuwing)
Tei vovo, tei vovo	Maak klaar, maak klaar
E ya, e ya, e ya, e ya	Oh, oh, oh, oh, oh, oh, oh, oh
Rai tu mai, rai tu mai	Kijk naar mij, kijk naar mij,
Oi au a virviri kemu bai	Ik bouw een borstwering voor u,
Rai tu mai, rai ti mai	Kijk naar mij, kijk naar mij,
Oi au a virviri kemu bai	Ik bouw een borstwering voor u,
Toa yalewa, toa yalewa	Een haan en een hen,

Veico, veico, veico	Zij vallen aan, vallen aan, vallen aan
Au tabu moce koi au	Het is verboden voor mij te sluimeren
Au moce ga ki domo ni biau	Behalve voor het geluid van brekende golven,
E luvu koto ki ra nomu waqa	Uw schip is gezonken,
O kaya beka au sa luvu sara	Denk niet dat ik ook verdronken ben.
Nomu bai e wawa mere	Uw verdediging is slecht aan het wachten
Au tokia ga ka tasere	Om af te brokkelen als ik ze aanval.

In vergelijking met de Cibi heeft de Bole meer energie. Het lijkt daadoor ook passender om deze dans voorafgaand aan een (slopende) wedstrijd te zingen. De huidige Bole die wordt opgevoerd door het nationale rugby team is gecomponeerd en gechoreografeerd door politicus en tv-persoonlijkheid Ratu Manoa Rasigatale.

De Bole staat vol verwijzingen naar het alledaagse leven van de Fijiër. Ratu Manoa Rasigatale stond erop dat alle spelers de tekst van de Bole begrepen zodat zij hem met meer overtuiging konden opvoeren.

De zin "Tei vovo" (maak klaar) wordt gebruikt als verwijzing naar de relatie met de tijd die de yams nodig hadden om te volgroeien. Vroeger gebruikte men vuur voor het vrij maken van de akkers waarna men de gewassen kon planten.

Wanneer een plant is ontworteld is het dood en kan het land makkelijk beplant worden met gewassen. Dit is de manier waarop de Fijische spelers hun tegenstander beschouwen. Tijdens het spel moeten ze de boom ontwortelen samen met alle wormen daaronder, de plant omdraaien zodat de vogels de wormen kunnen eten, de zon de bodem zal drogen waardoor de plant zal sterven. Dit betekent dat zij alle macht hebben op het speelveld, want niets kan daarna nog leven.

"Rai tu mai" (kijk naar mij) betekent eenvoudig weg dat beide teams hetzelfde doel hebben, beide willen de overwinning, en dat laten ze duidelijk zien.

De zin "Ik bouw een borstwering voor u." is een verwijzing naar de verdediging die de tegenpartij niet omver kan halen omdat ze klaar zijn de confrontatie aan te gaan. Er zijn enkele planten die niet dood gaan na het verbranden van het land. Het team moet deze planten (de sterkste spelers) er met de hand uit plukken.

Fortificatie

Voor een succesvolle oorlogvoering was een goede verdediging cruciaal. Traditionele Fijische dorpen waren goed voorbereid op een aanval van de vijand. De meesten gebruikten dan ook hun omgeving als basis voor een goede verdediging. Rev. A.J. Webb schreef in 1890: "Hun dorpen werden meestal gevestigd op de meest hoge en ontoegankelijke pieken of afgronden. Deze arendsnesten werden vakkundig versterkt met palissaden en opstelplaatsen voor scherpschutters, die met hun goed gekozen strategische positie van oudsher onneembaar waren, en tot de invoering van Europese wapens ook nooit waren ingenomen. Ik heb versterkte plaatsen gezien op een vlakte die omringd werden door grachten, waar de modder bewapend was met staken en gespleten bamboe en omringd met kleiwallen en zware palissaden, rij voor rij, dat het innemen van deze plaatsen in zuiver inheemse oorlogsvoering een erg vervelende of zeer dodelijke onderneming was. Ik zag een dorp, genaamd Wainimakutu, waar een beek ingenieus omgeleid werd via een ronde gracht, waarin de stroom rond het dorp wervelde naar zijn verdere loop en dus een eeuwigdurende verdediging van het volk vormde. Een officier van het Engelse leger, die een aantal van deze forten van de bergbewoners had ingenomen, uitte aan mij zijn verbazing over de vaardigheid en wetenschap van de tentoongestelde techniek. Overdekte galerijen en lanen, en platforms voor schildwachten en scherpschutters behoorden ook tot deze vaardigheden."

Niet alle Fijische forten hadden een ronde vorm of waren voorzien van greppels. Forten in een meer ruige omgeving gebruikten alle voordelen van het moeilijk begaanbare terrein. Zo werden forten gebouwd tegen messcherpe richels en langs onbeklimbare rotsen als uitstekende natuurlijke afweer. Sommige posities hadden zo'n sterke verdediging dat het mogelijk was om een fort met slechts een handvol krijgers te verdedigen tegen een aanvallend leger.

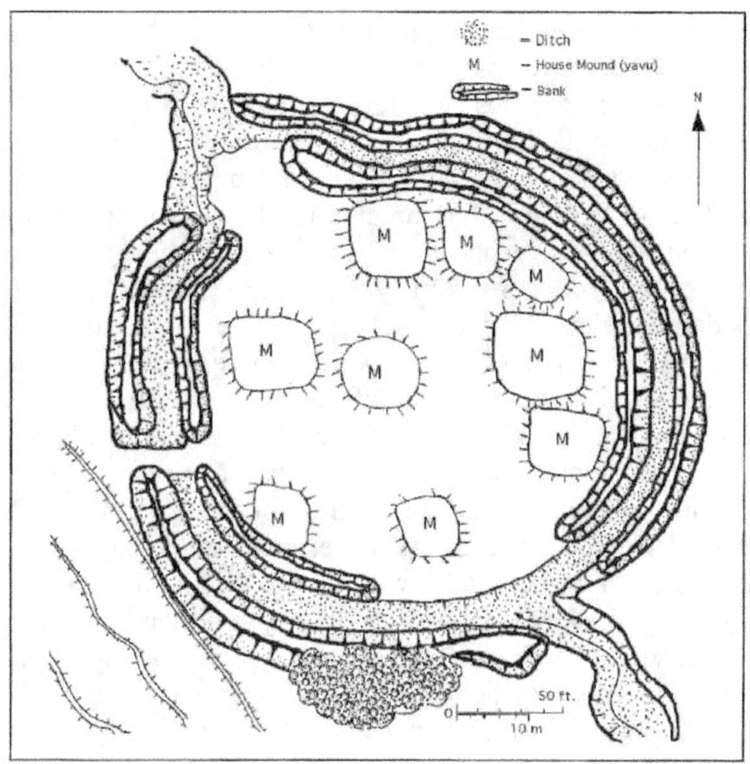

Afb. 34 Overzicht van een traditioneel fort in de Sigatoka vallei (Parry 1987).

Ook van de natuurlijk best verdedigde forten werd de verdediging op de zwakkere plekken versterkt door hellingen steiler te maken of door het aanleggen van richels, verhoogde terrassen die voorzien waren van palissades en losse stenen muren. Een fort innemen betekende het bestormen van barricade na barricade en het betreden van hinderlaag na hinderlaag.

Een ander gevaar wat men moest confronteren bij het bestormen van een bergfort waren de grote rotsen en

keien die de verdediging naar beneden liet rollen richting
de aanvallers. Soms werden deze vooraf geplaatst op
strategische posities en tegengehouden met twijgen,
zodat de verdediging slechts de twijgen hoefde weg de
slaan om de keien op hun vijand te laten neerstorten.

Thomas Williams beschreef kort dat de Fijiërs op de
toegangswegen naar hun forten boobytraps (lovosa)
plaatsten in de vorm van ondiepe met bladeren en gras
bedekte kuilen met daarin scherpe staken van hardhout of
bamboe (soki). De staken waren halverwege verbrand
zodat ze bij de voet zouden afbreken zodra een vijand er
met zijn voet op ging staan. Deze boobytrap was dus niet
direct bedoeld om de vijand te doden, maar meer om hem
uit te schakelen. Vechten werd nagenoeg onmogelijk
wanneer één of beide voeten niet meer bruikbaar waren.
Natuurlijk kon de vijand wel doodbloeden aan zijn verwondingen. Deze lovosa, werden ook in tuinen aangelegd
die de vijand kon plunderen. Wanneer de verdediging on-
verhoopt moest vluchten werden deze boobytraps ook
snel binnen het fort aangelegd als verassing voor de
vijand. Diepere lovosa waar men geheel in viel en gespietst kon worden kwamen wel voor, maar in mindere
mate.

Wanneer de verdediging zich moest terugtrekken in het
fort, bemoeilijkten ze het belegeren van de toegangspoort
door voetangels (of kraaienpoten) over de grond te
strooien. Dit was een variatie aan scherpe staken die
rechtop in de grond stonden. Deze soki waren gemaakt
van stukken hardhout of bamboe die gehard waren door
ze enige tijd te roosteren. Naast hout en bamboe werden
de pijlen van de pijlstaartrog of glasscherven gebruikt als
voetangels. Ook deze staken werden halverwege door-

gebrand zodat ze zouden afbreken wanneer de vijand er eenmaal in getrapt was. Deze soki werden in een eerder stadium ook al gebruikt in ondiepe stromen en nabijgelegen mangrovebossen om de verkenners te verwonden en de opmars van de vijand te vertragen.

Oorlogstactiek

De oorlogen in Fiji konden extreem gewelddadig en dodelijk zijn. Naast het grote trauma dat de wapens konden toebrengen gebruikten de Fijiërs ook plantengif op hun pijlen om de vijand uit te schakelen.

Bij aanvallen op de versterkte posities maakten individuele krijgers gebruik van alle beschikbare camouflage, aangezien deze binnen het bereik van de slinger, of speer kwamen. De strijd bestond meestal aanvankelijk uit heen en weer sluipschieten op grote afstand. De verdedigers schoten pijlen, slingerstenen, speren en stenen waarbij de vrouwen en kinderen met pijl en boog meededen. De verdedigers sloegen vaak een aanval af door een tegenoffensief waardoor de aanvallers vaak op de vlucht sloegen voor hun leven. Heen en weer achtervolgingen waren typerend voor deze aanvallen, waarbij de gevechten versplinterden in een reeks enkele gevechten waarbij de krijgers elkaar aanvielen met knuppels en strijdbijlen.

Soms botsten twee grote groepen krijgers op elkaar en werden binnen enkele minuten zware gewonden veroorzaakt door gevechten met knuppels, speren, strijdbijlen en knuppels gooien. Krijgers vanuit het struikgewas fungeerden als sluipschutters met bogen of slingers om zo vijanden tijdens het gevecht uit te schakelen. Sommige van deze hand-tot-hand gevechten waren extreem woest. Boven het geraas van schelptrompetten, het kaatsen van

knuppel op knuppel of knuppel op bot, steeg de oorlogs-
kreet van de krijgers uit die zij slaakten tijdens het doden
van vijanden. Elke clan had zijn eigen kenmerkende zang.

De klassieke hinderlaag werd op grote schaal toegepast
en werd de Cuka-ni-valu genoemd, het visnet van de oorlog. De groep die een hinderlaag legde verborg zich in
een grote U langs een weg die vaak gebruikt werd door
de vijand.

De frontlinie die de basis vormde van de U lag verborgen langs het pad, terwijl de flanken van de U op
enige afstand parallel verborgen lagen. In een ideale
situatie marcheerde de nietsvermoedende vijand tegen de
frontlinie aan waarna zij in gevecht raakten. De flanken
renden snel naar de zijkant om hen daar aan te vallen en
het terugtrekken van de vijand te voorkomen.

*Afb. 35 Oude ansichtkaart met een in scène gezet knup-
pelgevecht tussen twee krijgers.*

In oorlogstijd was het altijd de taak van de vrouwen, bijgestaan door de dapperste jongens, om de krijgers te voeden. Ze voorzagen de krijgers van alle delicatessen van de kust waaronder vis, kokkels, kreeft, kokosnoot en taro pudding. De vrouwen speelden ook een bijrol bij de daadwerkelijke gevechten. Zij positioneerden zich op prominente heuvels en riepen informatie naar hun krijgers over het verplaatsen van vijandelijke troepen. Soms lokten ze daarmee de vijand in een hinderlaag. Net als de jongens maakten de vrouwen het werk op het slagveld af door gewonde vijanden te doden.

Als een dorp was ingenomen sloegen de overlevenden op de vlucht. Ze renden in paniek voor hun leven terwijl de vijand hen achtervolgde.

Oorlog op zee
Binnenvallende Fijische legers legden vaak lange afstanden af om oorlog te voeren en werden per kano van eiland naar eiland vervoerd. Een vloot van oorlogskano's en de door hen vervoerde krijgers stonden bekend als een "Bola", de Fijische term voor honderd kano's.

Kleine en vrij grote zeeslagen werden regelmatig uitgevochten. Bij sommige van deze zeeslagen waren grote schepen betrokken die groot genoeg waren om te worden beschouwd als oorlogsschepen. De meeste zeeslagen waren echter moorddadige incidentele aanvallen waarbij kleine kano's betrokken waren bij kleine oorlogsvoering. In de tactiek die bekend staat als "Waqa-ubi" lagen krijgers verborgen in een kano, die langs de kust dreven alsof ze vervallen waren. Als de vijand naar beneden kwam om het vaartuig in te nemen, sprongen ze naar buiten om hen aan te vallen.

De enorme, plankgebouwde drua's met dubbele romp, waarvan sommige meer dan dertig meter lang waren, waren in staat om naast hun matrozenbemanningen grote groepen krijgers te vervoeren, waarbij de grootste drua meer dan 250 passagiers aan dek vervoerde.

De enorme, plankgebouwde "Camakau" oorlogsschepen met uithouders konden ook grote aantallen vervoeren. Deze schepen waren kleiner dan de drua's maar groter dan de "Takia" gevechtskano's, die ofwel dubbelwandig waren zoals de drua, of een enkele romp hadden en een uithouder zoals de Camakau, de uiteinden van de rompen zijn aangepast door ze smaller te maken, met aan elk uiteinde een meter of meer massief hout om over een

Afb. 36 Afbeelding van een Camakau uit Voyage au Pôle Sud et dans l'Océanie sur les corvettes L'Astrolabe et La Zélée van Jules Dumont d'Urville uit 1846.

effectievere rammogelijkheid te beschikken. De Takia
had zelden een zeil en dus minder geschikt voor lange afstanden maar was wendbaarder dan de grote drua's.

De basistactiek was om naar beneden te rennen en te
proberen een vijandelijk schip midscheeps te rammen om
haar te laten zinken of uit te schakelen. Als het schip niet
was gezonken gingen de krijgers aan boord om het gevecht aan te gaan. Een andere tactiek was om zo te ma-
noeuvreren met een schip dat de uithouder van een
vijandelijk schip geramd werd waardoor het platform
instortte en het zeil op de vijand viel waardoor ze ver-
strikt raakten. Hierna enterden de krijgers het schip om
hun speren door het zeil te steken.

Wanneer vijandelijke schepen dicht bij elkaar kwamen
wisselden ze slingerstenen, speren en later ook kogels en
kanonskogels uit. Uiteindelijk gingen de krijgers aan
boord om met speren en knuppels het gevecht aan te gaan
die vaak eindigde in het wegvagen van een van de be-
manningen, tenzij ze naar de kust of een bevriend schip
konden zwemmen. Overlevenden werden echter genade-
loos neergeschoten en in het water gespietst terwijl ze
voor hun leven zwommen.

In latere jaren werden drua's uitgerust met kanonnen om
vanaf zee de kustposities te bombarderen en zelfs grote
formaties kleinere kano's aan te vallen.

Vechtsport

In het prekoloniale Fiji werden sporten beoefend waarmee de krijger zijn vaardigheden kon oefenen. Sport had
dus met name een praktische reden. Wanneer men tijdens
een veldslag geen wapens meer tot de beschikking had,
moest men kunnen terugvallen op het eigen lichaam.

Fijiërs ontwikkelden daarvoor een vechtsport die vergelijkbaar was met worstelen. Helaas zijn de exacte regels niet overgeleverd, maar kunnen we wel een indruk krijgen hoe men deze vechtsport beoefende.

Veisaga was een sport die op grote schaal werd beoefend door de Fijiërs. Een groep mannen en vrouwen verzamelden zich op de top van een heuvel om te worstelen. Als een man eindigde met een vrouw probeerde hij haar naar beneden te gooien. Als dit hem lukte rolde hij samen met haar mee naar beneden. Kleine blessures en verwondingen kwamen regelmatig voor, maar men was te trots om dit te uiten en dus werden deze verborgen gehouden voor de andere deelnemers. Als een deelnemer liet merken dat hij pijn had werd hij door de anderen uitgelachen en belachelijk gemaakt.

Naast Veisaga werd ook Veisolo beoefend. Waar Veisaga relatief gemoedelijk verliep en vrij onschuldig was, kon Veisolo echter ruw verlopen en soms zelfs tragisch eindigen. Het gevecht begon met een aanval van een vrouw op een aantal bezoekende mannen. De vrouwen wachtten totdat de mannen hun maaltijd hadden ontvangen waarna zij hen aanvielen met het doel hen uit elkaar te drijven zodat zij het eten konden pakken. De mannen reageerden hierop met een speelse wraak door de vrouwen zacht op de grond te werpen. Echter, liep dit spel regelmatig uit de hand en waren er gevallen waarbij mannen zelfs gedood werden.

Wapentuig
De krijgers hadden een grote variëteit aan wapentuig tot hun beschikking. Zo droegen zij de Iri Masei, of oorlogswaaier, bij zich. Deze waaier werd gebruikt om een

voor de vijanden angstaanjagende dans op te voeren, maar kon ook gebruikt worden om lichte vijandelijke pijlen af te weren.

Er zijn vrijwel geen bronnen beschikbaar over de bogen (Dakai) van de Fijiërs. Ook de vroege missionarissen zoals Thomas Williams geven weinig details over dit onderwerp. In het boek Traditional Archery from Six Continents: The Charles E. Grayson Collection uit 2007 wordt deze echter beschreven: "De Fijische boog is gemaakt van mangrovehout en heeft elegant gebogen nokken. De boog is gemiddeld 170,2 cm lang, 2,6 cm breed en 1,9 cm dik in het midden van de boog. Er zijn geen foto's bekend van de Fijische boog maar de beschrijving doet denken aan de bogen zoals die gebruikt werden in Papoea-Nieuw-Guinea. De pijlpunten bestonden in verschillende vormen en hoewel ze iets kleiner waren kunnen ze nog altijd beschreven worden als speerachtig. Williams beschreef wel een belangrijke functie van de boog, naast het neerschieten van vijanden. Af en toe werden vuurpijlen afgeschoten om vijandelijke versterkingen in brand te steken.

Thomas William schreef wel over de kracht van de slingers en vermeldde dat hij eens zag dat een musket werd geraakt door een steen die met een slinger was geworpen. De musket was onbruikbaar geworden en de loop was zelfs verbogen.

De belangrijkste wapens van de Fijische krijgers waren echter toch wel speren en knuppels. Hiermee vergaarden zij grote faam en boezemden zij veel angst in bij hun vijanden. Deze twee wapens worden in aparte paragrafen verder beschreven.

Afb. 37 Een krijger in volledige uitrusting. Zo heeft hij een oorlogswaaier en een speer in zijn handen en draagt hij een knuppel aan zijn zij. De ketting van gepolijste walvistanden geeft aan dat hij is uitgerust voor een ceremonie, deze waren namelijk erg kostbaar en werden niet gedragen tijdens oorlog.

Speren

Het werpen van speren (moto) was een belangrijke activiteit tijdens oorlogsvoering. Er bestond een grote variëteit aan speren, de lengte van de speren was tussen de 1,5 en 4 meter lang, de meeste speren hadden een lengte van ruim 3 meter. Bij traditionele oorlogen werden speren in grote getale gebruikt. Tegen het einde van de interne oorlogen maakte de speer echter plaats voor het musket.

Met uitzondering van het speertype dat men Saisai noemt, werden alle speren vervaardigd uit één lang stuk hardhout. Met name de houtsoorten Sacau en Bulu (Palaqutum hornei) werden hiervoor gebruikt. Deze soort werd vóór bewerking enige tijd onder water gelegd omdat het anders té hard was. Andere gebruikte hardhoutsoorten waren de Vesi of Groenhart (Intsia bijuga), Bau (Pittosporum brackenridgei), Makita (Parinarium laurinum) en Vesivesi (Pongamia pinnata). Daarnaast werd een verscheidenheid aan palmen gebruikt voor de eenvoudige speren, waaronder de Balaka (Balaka seemanni). Deze palmhouten speren zijn gemakkelijk te herkennen aan de zwarte en bruine strepen die over hun schachten lopen.

De speerkoppen waren over het algemeen rond van doorsnede en veroorzaakten eerder een punctie dan een snijwond. Door het ontbreken van scherpe snijranden aan de kop veroorzaakte de speer niet een directe en hevige bloeding, tenzij de speer een belangrijk orgaan of bloedvat raakte. Omdat er niet op kon worden vertrouwd dat de speren een onmiddellijk effect hadden, was het nodig om het verwijderen uit de wond moeilijker te maken. Daarom gaf men de speren grote weerhaken. Hierdoor werd het onmogelijk om een speerpunt zonder chirurgische ingreep te verwijderen uit een lichaam.

In aanvulling op de weerhaken voorzagen de Fijiërs de uiteinden van de speerpunten ook van de scherpe punten van een pijlstaartrog, of Voto-ni-vai. Deze punten penetreerden de wond samen met de speerput, maar bleven achter in de wond nadat de speer was verwijderd.

De speren werden grotendeels met de hand geworpen. Soms werden werpkoorden en werpstokken gebruikt om de vechtsperen over langere afstanden voort te stuwen. Het koord verlengde de werparm en gaf de speer een draaiende beweging als die van een geweerkogel. Dit zorgde voor een sterke toename van bereik en snelheid.

Als de vijand binnen een bereik van 20 meter kwam, wierpen de speerwerpers hun speren in grote getale in een poging de vijand te verlammen. De speren werden met grote kracht en nauwkeurigheid geworpen en door de vijand werden er veel op het laatste moment vakkundig ontweken.

Nadat de eerste slag was toegebracht met behulp van de speren renden de krijgers op de vijand af om het werk met de knuppels af te kunnen maken, mede omdat men door het uitschakelen van een vijand met een knuppel meer status verwierf dan met alleen een speer. De speren werden ook gebruikt om mee te steken als de omstandigheden daarom vroegen.

Speren hadden een belangrijke rol bij de verdediging van fortificaties omdat ze geworpen konden worden vanachter de verdediging naar de vijand die in het open veld zichtbaar was. Aan de andere kant gebruikte de belager van een fortificatie brandende speren om huizen en verdedigingswerken in brand te steken.

Gedurende de 19de eeuw werden de traditionele punten regelmatig vervangen voor punten van bajonetten of ruwe ijzeren speerpunten, vervaardigd door de scheepssmid van Europese of Amerikaanse handelsschepen.

Afb. 38 Tiqa werpers. Foto uit vermoedelijk eind 19de eeuw.

Tiqa werpers

Tiqa of Ulutoa was een speerwerp wedstrijd die jaarlijks werd georganiseerd bij het ontspruiten van de yams. Tiqa betekent werpen en ulutoa komt van ulu wat hoofd betekent en toa een archaïsch woord voor de Casuarina boom (vandaag nokonoko genoemd), een erg harde houtsoort. Dit is een verwijzing naar de speerpunt die van dit hout gemaakt werd. De schacht bestond uit een lange dikke rietstengel. Deze lichte speer kon men tot wel 90 meter ver werpen. In vroegere tijden hadden veel dorpen dan ook een veld wat ze vrij hielden van begroeiing om deze sport te kunnen beoefenen. Tiqa was echter niet alleen een wedstrijd van afstand, maar ook van nauwkeurigheid.

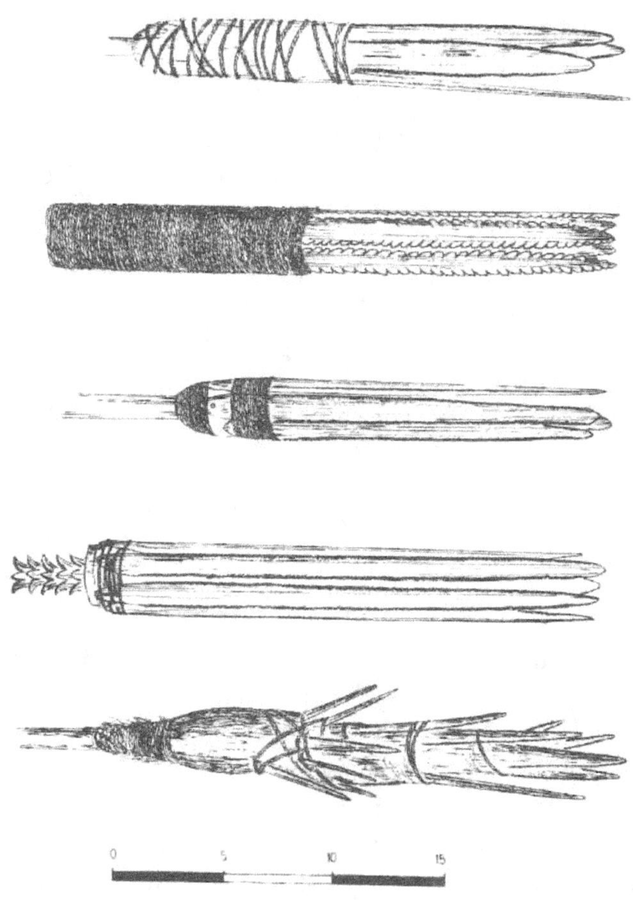

Afb. 39 Verschillende typen punten van de Saisai.

132

Saisai

De Saisai was uniek ten opzichte van de andere speren op
Fiji omdat het werd gemaakt uit verschillende stukken
hout met drie tot vier lange punten. De zware Saisai werd
gebruikt voor oorlogvoering, terwijl de kleinere lichte
exemplaren gebruikt werden voor vissen. Om ze dode-
lijker te maken werden de punten van de Saisai gewoonlijk voorzien met de punt van een pijlstaartrog (voto-ni-
vai). Dit type werd veel gebruikt door opperhoofden.

Sokilaki

Deze speer was zo'n drie meter lang en werd gemaakt
met een verscheidenheid aan speerpunten. Sommige punten waren van een pijlstaartrog, anderen met weerhaken.
Er waren ook speerpunten gemaakt van hout dat uitzette
en barstte zodra het vochtig werd (zoals van het bloed
nadat een vijand geraakt was), waardoor het niet uit de
wond getrokken kon worden. Het doel van dergelijke wapens was het uitschakelen van de vijand maar zou niet
direct resulteren in de dood. Daarvoor was een slag met
een knuppel doorslaggevend. Aangenomen wordt dat
deze speer van oorsprong afkomstig is uit Tonga, maar
dit type werd veelvuldig gebruikt in Fiji. De krijgers hadden een sterke band met hun speer en gaven hier eigen
namen aan zoals "De priester is te laat".

Sirusiru

Deze speer was uitgerust met een punt waarvan de
weerhaken beide kanten opstaken waardoor het verwijderen van een speer extreem moeilijk werd.

Se-ni-nui

Letterlijk "de kokosnoot bloem" een speertype wat slechts zelden voorkwam.

Kaka

De Kaka was een veelvoorkomend type speer, herken-baar aan zijn zware en kromme weerhaken.

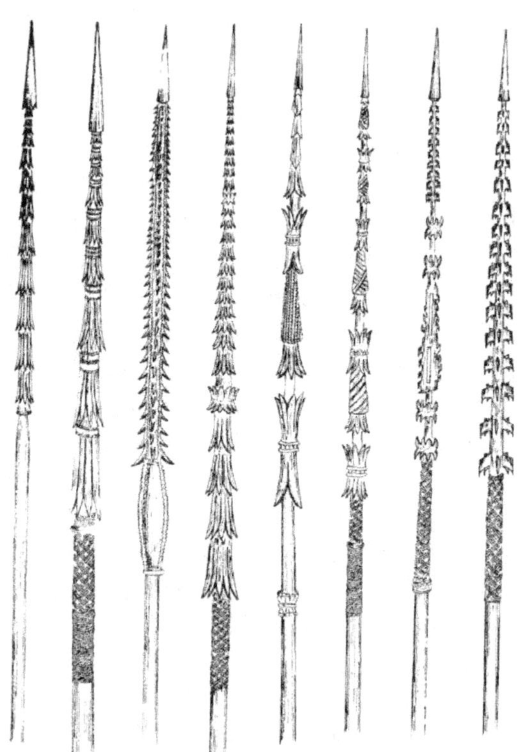

Afb. 40 Speren 1 t/m 4 laat verschillende typen Sokilaki zien, 5 en 6 zijn Sirusiru speren met weerhaken, 7 is de Se-ni-nui, een vrij zeldzaam type en 8 is de kaka, een veelvoorkomend speertype.

Tavevatu

Een veelvoorkomende speer type wat herkenbaar is aan een serie kegels onder de weerhaken, maar beter nog aan de kop die de vorm heeft van een vierkant of diamant en niet rond zoals de andere speren.

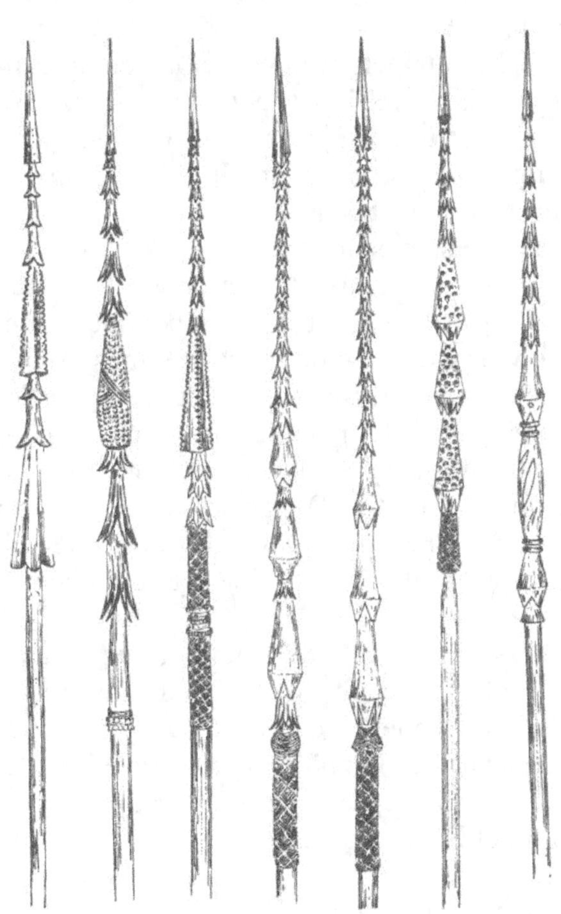

Afb. 41 Een verscheidenheid aan Tavevatu speertypen.

De Knuppels van Fiji

De favoriete wapens van de Fijische krijgers waren de bijzonder verfijnde knuppels. Dit blijkt alleen al uit de grote variëteit aan vormen waaruit men kon kiezen. Deze knuppels waren speciaal ontworpen om vakkundig de menselijke schedel te kunnen inslaan en botten te kunnen verbrijzelen.

Alle gevechtsknuppels werden vervaardigd uit tropisch hardhout wat in geheel Fiji veelvuldig aanwezig was. De knuppels die daadwerkelijk gebruikt werden tijdens oorlogen waren ook voorzien van fijne lijnen op de handvatten om het karakter van de krijger weer te geven die hem gemaakt had en gebruikte.

De knuppels werden naast wapen ook beschouwd als kunstvoorwerp, teken van rang, symbool van mannelijkheid en bewaarplaats van de vergaarde mana wanneer de knuppel vele slachtoffers had gemaakt. Knuppels die succesvol waren gebruikt bij het doden van de vijand werden ingelegd met menselijke tanden of kregen een nieuwe inkeping bij het handvat. De meest succesvolle knuppels met grote hoeveelheden mana werden opgeslagen in tempels en gebruikt als rituele objecten bij onder andere begrafenissen.

Dat krijgers een bijzondere band met hun knuppel hadden blijkt ook uit het feit dat zij hun knuppels namen gaven zoals "de wener", "de uiteenjager" en "de beschadiger zonder verdere hoop". Nog altijd heeft de knuppel in Fiji een bijzondere betekenis. Zo ligt er in het parlement een rijkelijk gedecoreerde knuppel op een tafel vóór de voorzitter (the Speaker) die zijn autoriteit (en die van het parlement als geheel) symboliseert.

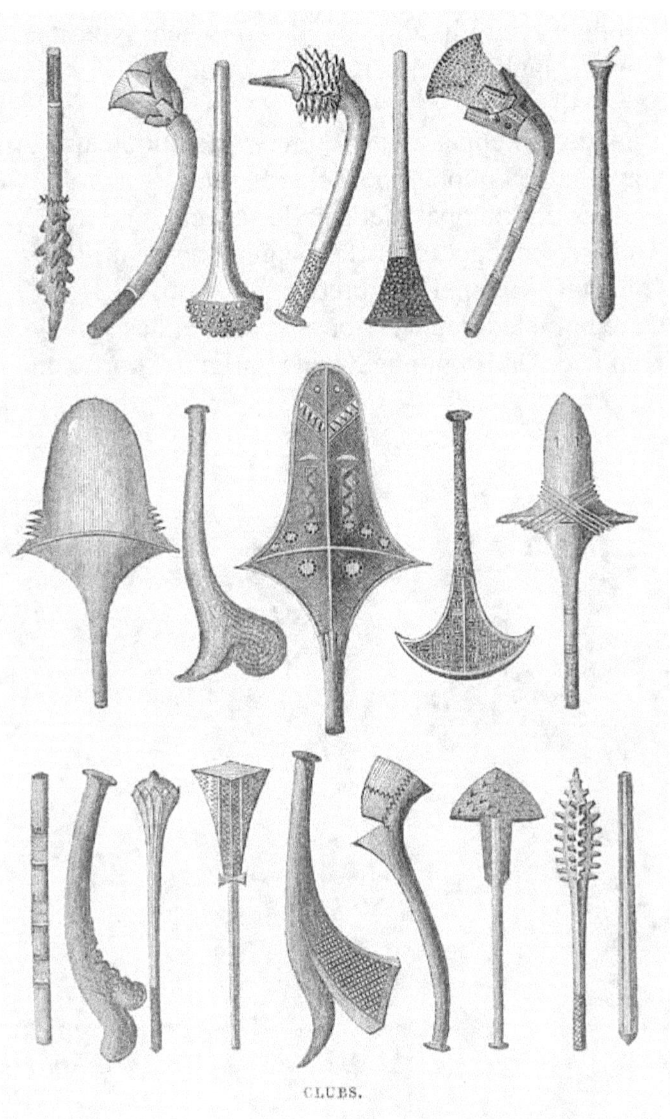

Afb. 42 Een plaat van de verschillende knuppels in Fiji uit Fiji and the Fijians uit 1858 door Thomas Williams.

De knuppels van Fiji zijn in te delen in acht types:
1. Bowai, slagknuppel vergelijkbaar met een honkbalknuppel;
2. Vunikau, knuppel met dikkere wortelknoop als kop;
3. Gata, lange knuppel met scherpe rand;
4. I Ula, werpknuppel met smalle schacht;
5. Totokia, knuppel met scherpe gebogen punt;
6. Culacula, knuppel met brede platte kop;
7. Ceremoniële knuppels, massievere versies van 3 en 5;
8. Kiakavo, Dans knuppel, zoals Sali maar korter en lichter.

Afb. 43 Een krijger met een Bowai knuppel. Foto tussen 1871 en 1892 door F.H. & A.W.B. Dufty.

Bowai
De Bowai of paalknuppels komen overeen met honkbal-
knuppels met soms een wat bredere kop. Deze knuppels
werden gebruikt om door middel van werpen of slaan de
botten te breken of de aanval van een vijand af te weren.
De knuppel werd nog lang gebruikt na de invoering van
de eerste musketten. Dit type knuppel is ongeveer 75 cm
lang. In tijden van vrede liepen uitvoerig geklede krijgers
en opperhoofden rond met de gadi, een kleine bowai
knuppel die gebruikt werd voor ceremonieën, maar ook
om tijdens kleine gevechten mee te kunnen slaan.

Vunikau
De Vunikau of wortelknuppels waren knuppels gemaakt
van wortels. Deze knuppels hadden een rechte schacht
met een natuurlijke smalle knoop van wortel aan het
einde en werden gebruikt om op een open vlakte van
grote afstand een schedel of ribben in te kunnen slaan. Er
waren verschillende varianten. De traditionele Vunikau
had een lange schacht met een lange knoop als kop. De
Waka had een lange schacht met een korte wortelknoop
als kop. Van de Bulikia was de knoop erg kort en bijna
geheel verwijderd. De Bulibuli lijkt op de Vunikau maar
had een zorgvuldig bewerkte en aangepaste knoop als
kop. Hier bestond ook een bijhorende Ula knuppel bij die
mogelijk door dezelfde krijger werd gedragen.

Gata
De gata was een van de meest gebruikte knuppels in Fiji.
Het was een knuppel met een scherpe zijde die speciaal
ontworpen was om door huid te snijden en botten te
breken. De originele gata had een lange schacht met een

kromming ter hoogte van de schacht. De smalle zijde had
een scherpe rand om in vlees te kunnen snijden. De lange
zijde was voorzien van een scherpe punt. Deze moest
mogelijk de bek van een aanvallende slang symboliseren,
de Pacifische boomboa (Candoia bibroni), de gata in het
Fijisch. Ook van deze knuppel bestonden verschillende
varianten. De Tudonu was een gata met een rechte
schacht. De Tavo was een zeldzame vorm van de gata
omdat deze geen scherpe punt had.

*Afb. 44 De Sali. Foto van war clubs of Fiji postzegel
serie.*

Van alle knuppels die de krijgers tot hun beschikking
hadden was de Sali wel de meest favoriete. De Sali, ook
wel Cali, Thali of Tebetebe wordt ook wel de geweerkolf
knuppel genoemd. De knuppel dankt de bijnaam aan het
feit dat de vorm overeenkomst met de kolf van een ge-
weer. De Sali bestond echter lang voordat de eerste
musketten in Fiji werden geïntroduceerd. De ongeveer 85
cm lange knuppel is een vorm van een gata die bij de
kromming breder wordt en ook een langere punt heeft.
De Sali kan het beste omschreven worden als duelleer
knuppel omdat het gebruikt kan worden om af te weren

om vervolgens met de brede kant de vijand neer te slaan. Een andere techniek die de Fijiërs toepasten was om met deze knuppel een vijand van achteren te benaderen en de knuppel bij de kromming van de stok tegen de nek te drukken waarna beide uiteinden met de handen konden worden aangetrokken zodat men de nek efficiënt kon breken.

I Ula

De i ula waren werpknuppels met smalle handvatten en bolle koppen. De knuppels waren ongeveer 40 cm lang met een gemiddelde kop die een diameter had van 10 cm. Als het handvat de vijand als eerste raakte kon deze het vlees penetreren. Ook als de knuppel niet geheel het lichaam penetreerde zorgde de zware kop wel voor een knikbeweging waardoor de bewegingsvrijheid van de vijand werd beperkt. Hierdoor was één laatste slag voldoende om de vijand geheel uit te schakelen. Fijische krijgers droegen vaak meerdere exemplaren aan een riem waardoor dit tegenwoordig de nog meest voorkomende knuppel is. Vroege missionarissen en kolonisten vreesden dit wapen het meest omdat het, eenmaal geworpen, altijd zijn doel wist te raken. Het kon met grote snelheid en precisie worden geworpen en het was bijna onmogelijk deze knuppel te ontwijken

De i Ula werd uitgevoerd in vele verschillende vormen. De i Ula Tavatava was de meest voorkomende ula met een smal handvat en grote lobben of kwabben op de kop van de knuppel. Daarnaast kende men nog onder andere de i Ula Kobo met smalle handvatten en wortelknoop met ruwe rondingen, de i Ula Drisia met een ronde kop, de i Ula Kitu met een kop in de vorm van een kleine kokos-

Afb. 45 Een krijger met een I Ula tavatava. Zijn krijgers-status komt tot uiting door de tand van een zwijn (bati ni vuaka) om zijn nek. Foto door Henry King tussen 1880 en 1900.

noot oftewel kitu. Daarnaast waren er ook enkele zeldzame vormen die vooral lijken te zijn ontstaan door de persoonlijke voorkeur van de krijger. Zo kende men de i Ula Bulibuli, een zeldzame vorm die mogelijk samen gebruikt werd met de Buli-Buli knuppel vanwege dezelfde kop, de i Ula Soba, die te herkennen is door het diepe kruis wat in de kop van de knuppel is ingesneden, de i Ula Vutu, met een ruithoekige kop en de i Ula Gasau, een uiterst zeldzame ula waarbij de kop de vorm van een tiqa speer heeft. Deze ula's kwamen mogelijk alleen voor in het hoogland van Viti Levu.

Van elk slachtoffer dat de ula had gemaakt werd een tand uitgetrokken om de ula mee te versieren, volgens overleveringen zouden sommigen met meer dan 40 tanden zijn versierd.

Totokia
De totokia was een knuppel met aan de kop een hoek van 90 graden. Na de hoek bevond zich een dikke kop die eindigde met een scherpe punt. Deze knuppel was ontworpen om snel en effectief een gat in de schedel van de vijand te slaan en de hersenen te penetreren. Het gewicht van de dikke kop werd geconcentreerd in de scherpe punt waarmee een enorm grote kracht vrijkwam op een klein deel van de schedel. Volgens de overleveringen was de totokia het favoriete wapen tijdens een moordaanslag en voor gevechten die plaatsvonden in hoge begroeiing. De schedel kon namelijk alleen ingeslagen worden met een ferme goed gerichte slag op het hoofd. Hiervoor was het noodzakelijk dat de vijand de slag niet zag aankomen, anders had hij hem kunnen afweren.

De totokia werd veel gedragen door de opperhoofden gedurende hun leven. Ook werden zij er veelal mee begraven. Deze knuppel wordt soms wel omschreven als ananasknuppel. Echter, de totokia werd al lang voor de introductie van de ananas in Fiji gebruikt. Daarom lijkt het dat deze meer de vorm van de Pandanus of schroefpalm symboliseert.

De totokia lijkt te zijn voorafgegaan door een ander type knuppel, de I tuki. Deze lijken een eenvoudigere versie van de totokia, maar hebben geen dikke kop en een minder lange punt. Deze knuppels werden gebruikt als hamers om schedels in te slaan tijdens een gevecht.

Afb. 46 Krijger met in zijn linkerhand een Ula en in zijn rechterhand een totokia knuppel. Foto uit circa 1900 van The Right Hon. Richard John Seddon's (the Premier of New Zealand) Visit to Tonga, Fiji, Savage Island and the Cook Islands.

Afb. 47 Krijger met een uitbundig gedecoreerde kinikini knuppel. De krijger draagt een oorlogsrok (liku waloa). De tapastof over zijn schouder wijst erop dat hij afkomstig is uit de Cakaudrove Privincie, noordoost Fiji. De omvang van de knuppel wijst erop dat deze niet daadwerkelijk als wapen werd gebruikt maar eerder als staf voor een opperhoofd of priester.

Culacula

De culacula was een knuppel met een brede platte kop met scherpe randen. Vanwege de gelijkenis wordt deze knuppel dan ook wel eens peddelknuppel genoemd. De culacula werd gebruikt om doormiddel van een harde slag de dunne scherpe rand door een bot te snijden zoals een bijl in plaats van te breken zoals bij andere knuppels. Waarschijnlijk werd de culacula geïntroduceerd vanuit Samoa of Tonga.

De kinikini was een variant van de culacula, de vorm kwam overeen maar was breder en uitbundiger versierd. De kinikini werd als statussymbool door opperhoofden en priesters gedragen waarbij het bredere blad tevens dienst deed als klein schild.

Naast de culacula kende men de zeldzame dui, een knuppel met een brede platte maar korte ronde kop, verglijkbaar met een waaier aan een lange stok. Deze knuppel lijkt een ver doorgevoerde variant van de culacula te zijn en omdat deze slechts zeldzaam voorkwam is hij dan ook bij dit type ingedeeld. Hetzelfde geldt voor de teivakatoga, een knuppel die afkomstig is van Tonga en vooral werd gebruikt op de Lau eilanden en andere plaatsen waar de invloed van Tonga groot was. De teivakatoga lijkt op een smalle peddel met scherpe snijranden.

Ceremoniële knuppels

De ceremoniële knuppels waren gewoonlijk groter en grover dan de knuppels die daadwerkelijk voor een gevecht werden gebruikt. Ze waren dan ook bedoeld om te dragen en niet om mee te vechten. De meeste ceremoniële knuppels lijken qua vorm op de sali of de totokia, maar missen bijvoorbeeld de scherpe randen en punten die het wapen echt dodelijk maken.

Het gehele oppervlakte van de ceremoniële knuppel is bewerkt met fijne en ingewikkelde patronen, van sommigen was de schacht omwikkeld met banden die versierd waren met veren. De ceremoniële knuppels werden gedragen tijdens officiële gelegenheden in tijden van vrede, zoals huwelijken, het ontvangen van gasten, begrafenissen en religieuze gebeurtenissen. Sommige van deze knuppels waren zo groot en zwaar dat men zich kan afvragen welke man in staat geweest zal zijn hem te hanteren.

Afb. 48 Krijger met ceremoniële totokia. De knuppel is veel groter dan de originele totokia en daardoor in een daadwerkelijk gevecht niet bruikbaar. Foto door C.Meyer tussen 1922 en begin jaren '30.

Mogelijk viel ook de gugu onder de ceremoniële knuppels. Aangenomen wordt dat de gugu afkomstig is van de binnenlanden van Viti Levu en gebruikt werd voor het uitvoeren van ceremoniële dansen. Verder is echter weinig bekend over deze knuppel. Soms wordt de gugu omschreven als Lotus knuppel of bijlkop knuppel, maar is in feite vernoemd naar de koraalvlinder, een tropische baarsachtige zeevis.

Kiakavo
De Kiakavo was een Y-vormige knuppel die veel leek op de sali. De kiakavo was echter korter en lichter en werd voornamelijk gebruikt bij dans uitvoeringen. Hij werd dan ook gemaakt van een lichtere houtsoort. De kiakavo was meestal minder fijn gedecoreerd en had geen scherpe randen waardoor deze minder geschikt was tijdens een gevecht.

Afb. 49 De zittende krijger poseert met een kiakavo, terwijl de staande poseert met een Vunikau. Foto uit ca. 1890.

5. Kannibalisme

Soorten kannibalisme

Kannibalisme roept bij vele Nederlanders het beeld op van een inboorling die een onschuldig slachtoffer heeft gevangen, hem vastgebonden aan een paal terug naar het dorp draagt om vervolgens te koken in een grote pot met kruiden. De ultieme uitbeelding van dit stereotype beeld vindt men terug in de attractie Monsieur Cannibale in de Efteling. Velen zullen zich echter niet realiseren dat de waarheid angstig dicht bij dit beeld in de buurt komt.

Kannibalisme is het eten van individuen van dezelfde soort, bij mensen ook wel antropofagie genoemd (van het Griekse "mens" en "eet"). Men maakt onderscheid tussen sacraal kannibalisme, met een meer symbolisch of ritueel karakter, en profaan kannibalisme, waarbij mensenvlees alleen als voedsel wordt beschouwd. Daarnaast heeft men het over exo- en endokannibalisme. Exokannibalisme is het eten van buitenstaanders terwijl endokannibalisme het eten van groepsgenoten aanduidt. In de meeste menselijke samenlevingen geldt kannibalisme als een taboe.

De beschuldiging van kannibalisme is historisch gezien veel meer verspreid dan het verschijnsel zelf. Hier bestaat een eenvoudige verklaring voor. Gedurende de jaren van de Britse koloniale uitbreiding was slavernij verboden, tenzij de mensen waar het om ging zo verdorven waren dat ze beter af waren als slaaf dan als vrij mens. Kannibalisme werd gezien als een voorbeeld van verdorvenheid, en dus werden geruchten van kannibalisme wijd verspreid. Ook meer recente rapporten van kannibalisme worden tegenwoordig dan ook in twijfel getrokken.

Kannibalisme in Fiji wordt over het algemeen wel gezien als historisch feit vanwege de vele westerse ooggetuigen uit de 19de eeuw. Fiji kreeg van de Britten dan ook niet voor niets de bijnaam Cannibal Islands.

Vermeldingen van kannibalisme in Fiji

Op 22 november 1836 schreef een Engelse missionaris van de Methodist Missionary Society naar Engeland dat kannibalisme in Fiji geen kwestie was van een regelmatig terugkerend gebruik, maar van een continue bezigheid voor de bevolking. Niet ontstaan uit een soort van afschuwelijke wraak, maar uit een absolute voorkeur voor menselijk vlees boven al het andere beschikbare voedsel. De schrijver gaat verder door te vermelden dat alle rangen en standen, mannen en vrouwen van alle leeftijden en zelfs kinderen deel namen aan de kannibalistische feestmalen waarbij volgens zeggen voor één feestmaal zelfs tot 200 mensen werden verslonden. Om deze lust voor menselijk vlees te kunnen stillen werden oorlogen gevoerd, mensen gekidnapt en graven van de recent overledenen geroofd. De schrijver sluit zijn verhaal af met de bewering dat de honger naar menselijk vlees bij de Fijiërs zó immens was, dat zij zich zelfs tegoed deden aan hun eigen kinderen.

Deze missionaris van de Methodist Missionary Society gebruikte de verhalen van kannibalisme in Fiji om op andere Christelijke missionarissen een beroep te doen naar Fiji te reizen en de onwetende Fijiërs te bekeren tot het Christendom. Deze oproep bleek succesvol en al snel waren verschillende missionarissen actief op de eilanden van Fiji.

Afb. 50 Kannibalen met hun buit. Een in scene gezette foto voor het boek Brown Man and Women: or, The South Sea Islands in 1895 and 1896 door Edward Reeves uit 1898.

De missionaris David Cargill beschreef in 1838 dat door een groep Fijiërs een menselijk slachtoffer werd uitgekozen uit een ander dorp waar geen familie van hen woonde. Deze persoon werd gekidnapt of na overleg met de opperhoofden meegenomen naar het eigen dorp. Het slachtoffer werd geruime tijd vast gehouden in het dorp en vetgemest met grote hoeveelheden voedsel. Toen zij van mening waren dat de tijd rijp was om hem op te eten werd hij bevolen op de grond te gaan zitten met zijn voeten onder zijn dijen en zijn handen voor hem. In deze positie werd hij vastgebonden zodat hij zich niet meer kon bewegen. Vervolgens werd hij levend geroosterd door hem op gloeiend hete stenen te leggen (waarvan sommigen rood van hitte waren) en af te dekken met

152

bladeren en aarde. Nadat hij geroosterd was werd hij uit de oven gehaald en werd zijn gezicht zwart geverfd waardoor hij op een levende man leek die klaar was voor een feest of veldslag. Nog altijd gepositioneerd in zijn zittende positie werd hij naar de tempel van de goden gebracht als offer. Nadat dit ritueel was voltooid werd het lichaam buiten gewijde grond verdeeld onder de mensen.

Cargill beschreef dat de inheemse bevolking van Thakanndrove mannen, vrouwen en kinderen ontvoerden om hun honger naar mensenvlees te stillen. Overleden mensen werden twee tot drie dagen nadat zij waren begraven opgegraven, gewassen in zee en geroosterd. Het vlees van vrouwen werd geprefereerd boven dat van mannen. Soms werd het hart voor maanden gepreserveerd. De botten van de slachtoffers werden niet begraven, maar op een hoop gegooid. Kleinere botjes werden gebruikt voor het vervaardigen van naalden om bijvoorbeeld mee te tatoeëren.

Cargill vermeldde dat kort voor zijn brief aan het thuisfront een schip met de naam Active werd aangevallen door de inheemsen met de verwachting hun kleding en bezittingen te stelen. De vier opvarenden werden eveneens meegenomen en geroosterd. Kort daarna dienden hun botten als naalden voor het vervaardigen van zeilen.

Op 29 juni 1839 beschreef de missionaris John Hunt over zijn ervaringen in Fiji. In deze brief schreef hij over Namusi Matua, het opperhoofd van Rewa, die zich onlangs had bekeerd tot het Christendom. Volgens Hunt was zijn verleden het meest verdorven dieptepunt in de menselijke geschiedenis. Namusi Matua zou bij het maken van een nieuwe boot een traditie hebben ontwikkeld om voor elke plank een mens te vermoorden. Soms zou hij complete nederzettingen uitmoorden om een feestmaal te kunnen organiseren voor de arbeiders die zijn boten vervaardigden. Omdat hij zo getalenteerd was in deze praktijken werd hij regelmatig ingehuurd door een ander opperhoofd genaamd Tanoa, waardoor het onmogelijk werd het aantal slachtoffers op zijn naam te kunnen tellen. Hunt had echter hoop voor de eilandbewoners en vermeldde dat eenmaal bekeerde Fijiërs kannibalisme definitief hadden afgezworen.

Op 31 oktober 1839, slechts vier maanden na de brief van Hunt, schreef Cargill in zijn dagboek dat kannibalisme nog niet tot het verleden behoorde. Die dag werden namelijk 20 lichamen van mannen, vrouwen en kinderen bij Rewa bezorgd als geschenk van Tanoa. Ze werden verdeeld onder de mensen en opgegeten. Kinderen vermaakten zich door het lichaam van een klein meisje te verminken, ingewanden dreven in de rivier nabij de missiepost en men zag overal lichaamsdelen. De dag daarna werd een afgehakt hoofd aangetroffen in de tuin van de missiepost om de Christenen angst aan te jagen. Het was het hoofd van een oude man en zijn schedel was ingeslagen met een knuppel. Later bleek dat de bewoners van Bau 260 mensen hadden vermoord en gekidnapt in het nabijgelegen Varata. Vele vrouwen en kinderen werden in leven gelaten om als slaaf te houden. Ongeveer 30 kinderen werden aan masten gehangen als teken van overwinning, de kermende kinderen stierven langzaam toen de kano's begonnen te bewegen bij het uitvaren. Andere kinderen werden levend naar Bau gebracht zodat jongens daar de kunst van oorlogvoering onder de knie konden krijgen door met knuppels hun hoofden in te slaan. Ook latere missionarissen maakten dergelijke ervaringen mee gedurende deze jaren.

Westerse zeemannen waren hun leven niet zeker als zij schipbreuk leden nabij de Fiji eilanden. Van 1837 tot 1846 voer de Franse chirurg Felix Maynard mee op walvisvaarders in de Stille Oceaan en beschreef hoe een zekere Amerikaanse kapitein Morell veertien van zijn mannen had verloren bij een hinderlaag van Fijiërs. Een zekere kapitein Dillon was in de baai van Naclear met twintig man op zoek naar sandelhoutbomen toen hij een groot deel van zijn mannen kwijt raakte. Hij werd omsingeld door een groot aantal Fijiërs. Omdat het onmogelijk was terug te keren naar zee zochten zij hun toevlucht op een steile rots. Onder aan de rots roosterden de Fijiërs lichaamsdelen van door hen gevangen bemanningsleden. Deze bemanningsleden werden naar de vuren gebracht door twee krijgers die een paal droegen waaraan zij met handen en voeten waren vastgebonden. De Fijiërs zongen en dansten rond de lichamen met een woeste blijdschap. Dillon vertelde Maynard dat twee van zijn mannen, ene Savage en een Chinees, hun kapitein hadden verlaten, omdat zij de belofte van de Fijiërs geloofden dat zij hen niets zouden aandoen. De Fijiërs omringden hen en leken de twee mannen vriendelijk te feliciteren. Plots slaakten zij een harde kreet en grepen Savage met zes man vast waarna zij hem met zijn hoofd onder water hielden en verdronken. Ondertussen werd de Chinees door een Fijiër van achter beslopen die hem met een knuppel zijn schedel insloeg. Gelukkig voor Dillon hoorde de bemanning van een ander schip de hulpkreet van kapitein Dillon en besloten een aanval vanuit zee te openen waarna zij kort

daarop de kapitein en zijn twee resterende bemanningsleden konden bevrijden uit hun benarde positie.

In 1844 schreef missionaris Jagger dat een paar maanden eerder een vrouwelijke bediende van de koning was
gevlucht maar snel weer was gevangen. Eenmaal terug-
gebracht naar het huis van de koning werd op verzoek
van de koningin haar arm tot onder de elleboog geamputeerd en geroosterd. De koning at in haar bijzijn die
avond haar onderarm als straf. Daarna gaf hij opdracht
haar lichaam op verschillende delen te brandmerken. Jagger schreef dat de jonge vrouw nog leefde toen hij zijn
brief schreef. De Amerikaanse antropoloog A.P. Rice
beschreef dat deze straf bekend stond als Vakatotoga, de
meest vreselijke vorm van marteling. In extreme gevallen
werden de armen en benen geamputeerd, geroosterd en
gegeten terwijl het slachtoffer in leven werd gehouden en
moest toekijken.

De missionaris John Watsford schreef op 6 november
1846 in zijn brief aan het thuisfront over soortgelijke
ervaringen als zijn collega Cargill en Jagger eerder hadden gedaan. Zo beschreef hij dat honderden mensen in
Bau waren vermoord, teveel om daadwerkelijk op te
eten. Vele lijken dreven af richting de missiepost en rond
Bau hing wekenlang de stank van rottend vlees. Watsford
beschreef in zijn brief echter ook enkele nieuwe details
over de kannibalistische praktijken in Fiji.

Zo vermeldde hij dat sommigen vlees lieten drogen als
tabak en dit met zich meedroegen aan een riem als snack
voor onderweg. Ook werd mensenvlees gepekeld om het
te conserveren. Zo had het opperhoofd van Rakeraki een
kist met lichaamsdelen die hij bewaarde voor later. Als
hij iemand tegenkwam die dikker was dan een van zijn

eerdere slachtoffers liet hij deze prompt slachten, zelfs al waren het zijn eigen vrienden.

Ook beschreef Watsford over een gezonken kano nabij Natawar. De bemanning werd gevangen door de bevolking en geroosterd. Hun hersenen werden niet ingeslagen om bloedverspilling te voorkomen. Sommige krijgers hadden echter niet het geduld om te wachten totdat de vuren waren opgestookt en de slachtoffers waren geroosterd en trokken de oren van hun hoofden om deze vervolgens rauw op te eten.

Opperhoofden eisten soms een héél geroosterd lichaam op, zodat ze daar steeds een beetje van konden eten. Het restant lieten ze af en toe opnieuw roosteren om het niet te laten bederven.

Deze praktijken werden bevestigd door Dr. W.H. Harvey, Professor plantkunde van Trinity College te Dublin die onderzoek deed op het nabijgelegen Tonga. Dr. Harvey beschreef dat de Fijiërs mensen roosterden en hen dan lange varkens noemden, de slachtoffers in zittende positie werden gebracht om als feestmaal te worden opgediend en stamleden op stukjes vlees kauwden zoals zeemannen op tabak kauwen om het vervolgens in de monden van hun kinderen te stoppen.

Eind 19de eeuw was Alfred St. Johnston een bekende reiziger, die de meest afgelegen en woeste volkeren bezocht. Zijn ervaringen bundelde hij in zijn boek Camping Among Cannibals. Hierin beschreef St. Johnston dat de Fijiërs een menselijk slachtoffer puaka balava noemden, oftewel lange varkens, in tegenstelling tot puaka dina, echte varkens. St. Johnston beschreef in 1883 ook dat de Fijiërs naast roosteren in de ovens ook lichamen in delen hakten om het, samen met wat kruiden, te kunnen koken in hun aardewerken potten. De koks plaatsten hete stenen in de torso's om er voor te zorgen dat ze ook van binnen goed verwarmd zouden worden. Bij de tempels van de goden lagen vele botten te bleken in de zon. St. Johnston stelde dat kannibalisme was ontstaan door het ontbreken van dieren.

A.P. Rice beschreef kannibalisme in Fiji als een gevestigd instituut en zelfs één van de belangrijkste elementen van hun sociale structuur. Voor mannen was het een vereiste om beschouwd te worden als een 'gentleman'. Het eten van menselijk vlees was volgens Rice onderdeel van hun religie, maar men at ook menselijk vlees omdat men dit verlangde. Rice vermeldde een man uit Ruwai die zijn echtgenote vermoordde en opat terwijl hij met haar gelukkig samenwoonde en die vóór hun huwelijk ook tot dezelfde sociale stand behoorde. Achteraf gaf hij toe dat hij dit had gedaan vanwege zijn grote voorliefde voor menselijk vlees. Rice stelde dat een religieus aspect aan kannibalisme verbonden was omdat de goden mensenvlees als offer eisten. De hoofden van de slachtoffers werden aan de priesters overhandigd zodat deze ze kon gebruiken tijdens rituelen.

De oorsprong van kannibalisme in Fiji moest volgens Rice, net als St. Johnston, gezocht worden in het van nature ontbreken van grote dieren (het varken werd pas geïntroduceerd in de 19de eeuw). Alleen de Polynesische rat kwam veelvuldig voor. Rice stelde dat kannibalisme hierdoor begrijpelijk en zelfs vergeeflijk was.

Het gebrek aan grote zoogdieren heeft op veel andere eilanden in Oceanië of elders in de wereld echter niet geleid tot kannibalisme. Alleen het gebrek aan zoogdieren kan dus niet doorslaggevend zijn geweest voor het ontstaan van deze praktijken. Omdat veel slachtoffers in de tempels werden geofferd aan de goden lijkt de oorsprong van kannibalisme eerder te zijn ontstaan vanuit religie. Wellicht heeft het gebrek aan zoogdieren slechts de laatste zet gegeven om de geofferde slachtoffers gedurende een minder overvloedige periode daadwerkelijk te gaan eten. Langzamerhand zou kannibalisme dan zijn uitgegroeid tot sociaal acceptabel waarna de weg vrij was om algemeen toegepast te worden.

Rice schreef dat voor veel gelegenheden iemand geofferd moest worden, zoals voor het voltooien van de kiel van een nieuwe boot of het te water laten. Ook schreef Rice over een soort arena op Bau. Deze was rond van vorm met stenen aan de zijkant waar toeschouwers konden zitten. Hier stond ook een hersensteen. Twee sterke Fijiërs tilden een slachtoffer op en renden vervolgens met hoge snelheid richting de hersensteen om hier zijn hoofd tegenaan te rammen, wat als leuke sport werd beschouwd voor de toeschouwers.

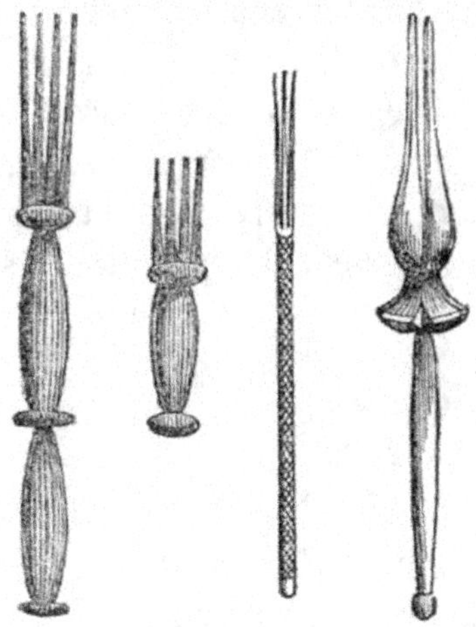

Afb. 51 Verschillende typen Ai Cula Ni Bokola, beter bekend als kannibalenvorken.

Nadat slachtoffers waren veiliggesteld voor de oven werd dit bekend gemaakt door een specifiek geluid op de drum te produceren. Wanneer men eenmaal het melodie had gehoord zou men deze voor altijd blijven herkennen. Lichamen werden gereinigd in zee door men vast te binden aan de rechter pols zodat ze niet zouden wegdrijven. De mannen voerden op het strand een oorlogsdans op terwijl de vrouwen een suggestieve versie van deze dans uitvoerden. Na de reiniging nodigde het opperhoofd de priesters uit de slachtoffers te offeren aan de god van de oorlog. Rice beschreef dat in het geval een dorp verder landinwaarts lag, slachtoffers niet over de grond werden gesleept omdat dit teveel vlees van het lichaam zou schrapen. In plaats daarvan werden slachtoffers met handen en voeten aan een paal vastgebonden waarna twee mannen de paal over hun schouder legden. Rice sloot zijn verhaal af met de observering dat in zijn tijd een overschot aan slachtoffers bestond en men de torso's daarom niet opat, men concentreerde zich op de lekkerste delen van het lichaam; de bovenarmen en dijen. Het snijden van de lichamen gebeurde met messen of vorken van gespleten hout, die zo scherp waren als scheermesjes. Deze staan bekend als kannibalenvorken. De Fijiërs noemde deze vorken Ai Cula Ni Bokola. Eerst werden de ledematen gesneden en vervolgens de torso's.

Udre Udre

De 19de eeuwse Ratu Udre Udre staat bekend als de grootste kannibaal ooit. Dit opperhoofd uit Fiji werd in 2003 zelfs opgenomen in het Guinessbook of World Record als "most prolific cannibal". Volgens sommige legenden zou hij tot wel 9.000 mensen hebben verorberd.

In 1849, enige tijd na de dood van Udre Udre vond Rev. Richard Lyth, nabij het voormalige territorium van het opperhoofd een rij van 872 stenen. Lyth vroeg Ravatu, de zoon van Udre Udre, naar de betekenis van deze stenen en die vertelde dat elke steen een mens representeerde die zijn vader had gegeten. Deze stenen werden na zijn overlijden bij zijn graf in Rakiraki geplaatst, in het noorden van Viti Levu. Volgens zijn zoon gingen de opperhoofden van Raki-raki samen met Udre Udre naar een veldslag en gaven hem lichaamsdelen van hun slachtoffers, met name de hoofden. Udre Udre conserveerde vervolgens datgene wat hij niet tijdens één zitting kon opeten. Zijn voorliefde voor mensenvlees was zo groot dat hij met niemand wilde delen.

Afb. 52 Udre Udre staat bekend als de grootste kannibaal.

Een stenen muur, een lovo (oven) voor het bereiden van menselijke slachtoffers en de restanten van verhogingen waar ooit huizen stonden is alles wat is overgebleven van het dorp waar Udre Udre ooit woonde. De mensen van een nabijgelegen dorp geloven dat de geest van de bekende kannibaal daar nog rondwaart en waarschuwen buitenstaanders daar weg te blijven. Het graf van het opperhoofd, omringd met zijn stenen, kan nog altijd worden bezocht en ligt enkele kilometers van het dorp vandaan langs King's Road en is vandaag de dag een toeristische attractie.

Afb. 53 Het graf van Udre Udre in Rakiraki.

Thomas Baker

Halverwege de 19de eeuw maakte de komst van de missionarissen een einde aan de kannibalistische praktijken in Fiji. Nadat het merendeel zich tot het Christendom had bekeerd behoorde kannibalisme tot het verleden. De Engelse Thomas Baker (6 februari 1832 - 21 juli 1867) was een van de laatste slachtoffers van kannibalisme, en de enige missionaris in Fiji die dit lot onderging. In juli

*Afb. 54 Rev. Thomas
Baker.*

1867 leidde Baker een groep van Fijiërs in de hooglanden van Navosa om het evangelie in het binnenland van Viti Levu te verspreiden. Nadat zij de Christelijke enclave Taukei ni Waluvu waren gepasseerd aan de oostelijke oever van de Wainimala rivier ontmoette Baker een plaatselijk opperhoofd van Navatusila. Baker schonk hem een Britse kam en probeerde het opperhoofd te bekeren tot het Christendom. Toen het opperhoofd bleef weigeren besloot Baker zijn kam terug te pakken. Terwijl hij dit deed raakte hij het hoofd van het opperhoofd aan, wat in Fiji wordt beschouwd als zowel een bedreiging en belediging. Het overheersende opperhoofd van Bau had het opperhoofd reeds een tabua (walvis tand) gegeven aan de stam om zo het complot te bezegelen de missionaris en zijn volgelingen op 21 juli 1867 te vermoorden en het lichaam van Baker op traditionele wijze te bereiden, te verdelen en op te eten in het oude traditionele dorp Nabialevu (Nadrau). De steen die gebruikt werd om zijn hoofd in te slaan wordt hier nog altijd tentoongesteld. De sandalen van Baker, die werden meegekookt bij het bereiden van zijn lichaamsdelen, staan vandaag de dag in het Fiji museum te Suva. De Fijiërs die samen met Baker werden gedood en gegeten waren: Setareki Seileka, Sisa Tuilekutu, Navitalai Torau, Nemani Raqio, Taniela Batirerega, Josefata Tabuakarawa en Setareki Nadu. Twee mannen, Aisea en Josefa Nagata, wisten te ontkomen. Na de dood van Baker werd de Davuilevu missiepost tijdelijk gesloten.

Enige tijd na de dood van Baker merkten de Fijiërs op dat hun grond onvruchtbaar werd en hun gewassen dood gingen. Hierdoor begonnen zij te geloven dat zij veroordeeld waren vanwege hun kannibalistische verleden. Dit leidde tot drie officiële verontschuldigingen aan de nabestaanden van Baker. De meest recente vond plaats in 2003 waarbij nabestaanden van Baker het dorp bezochten voor een traditionele matanigasau verzoeningsceremonie. Dit werd door nabestaanden van de moordenaars namens het dorp aangeboden als verontschuldiging voor het doden van Baker. Enige tijd na deze verontschuldiging verklaarde Rapuga dat hun grond weer vruchtbaar werd, wat het idee bevestigde dat zij vervloekt waren geweest. Het verhaal van Baker's dood was de basis voor het korte verhaal "The Whale Tooth" van de Amerikaanse auteur Jack London (pseudoniem van John Griffith Chaney).

Afb. 55 Na de kolonisatie wisten meerdere Fijiërs hun kannibalistische verleden uit te buiten door te poseren voor ansichtkaarten en die te verkopen aan Britse en Australische bezoekers. Zo ook de oude Cannibal Tom rond 1870/80.

Bibliografie

Arno A., Cobo and tabua in Fiji: Two forms of cultural currency in an economy of sentiment. American Ethnologist, 2005.

Bayliss-Smith, Tim, Brian Robson, David Ley, Derek Gregory (eds), Islands, Islanders and the World: The Colonial and Post-Colonial Experience of Eastern Fiji. Cambridge University Press, 1988.

Becker, Anne E., Body, Self, and Society: the view from Fiji. University of Pennsylvania Press, 1995.

Boydell, Spike, Shah, Krishn. An inquiry into the nature of land ownership in Fiji. The International Association for the Study of Common Property, 2003

Brewster, A.B., The Hill Tribes of Fiji. Philadelphia: J.B. Lippincott Company, 1922.

Brison, Karen J., Our Wealth Is Loving Each Other: Self and Society in Fiji. Lexington Books, 2007.

Capell, Arthur, A New Fijian Dictionary. Australasian Medical Pub. Co., 1941.

Clunie, Fergus, Fijian Weapons and Warfare, 1997.

Field, Julie S., Natural and Constructed Defenses in Fijian Fortifications. University of Hawaii Press, 1998.

Firth, Stewart en Daryl Tarte (red.), 20th Century Fiji, University of the South Pacific, 2001.

González, Ana I., Oceania Project: Fiji, 1997

Gosden, Chris, Jon G. Hather, The Prehistory of Food: Appetites for Change. Routledge, 1999.

Grayson, Charles E., Mary French, Michael J. O'Brien, Traditional Archery from Six Continents: The Charles E. Grayson Collection. University of Missouri Press, 2007.

Hocart, Arthur Maurice, Lau Islands, Fiji. Bernice P. Bishop Museum. Ethnology, University of Michigan, 1929.

Hogg, Garry, Cannibalism and human sacrifice. Nonsuch publishing ltd., 2007.

Inia, Elizabeth K.M., Kato'aga: Rotuman ceremonies. Institute of Pacific Studies, University of the South Pacific, 2001.

Jansen, A. A. J., Parkinson, S, Robertson, A. F. S., Food and Nutrition in Fiji: Food production, composition, and intake. University of the South Pacific, 1990.

Kaplan, Martha, Neither Cargo Nor Cult: Ritual Politics and the Colonial Imagination in Fiji. Duke University, 1995.

Kleinschmidt, T., Theodor Kleinschmidt's Notes on the Hill Tribes of Viti Levu, 1877-1878. Domodomo 2, 1984.

Krutak, Lars, The art of nature tattoo history of western oceania, 2016.

Lucas, Verona, Nauque, Setefano, Chandra, Sachin. Assessing Community Perspectives on Governance in Fiji, 2003.

Macdonald, Maryon, Gender, Drink and Drugs. Oxford and Providence, 1994.

Nabobo-baba, Unaisi, Knowing & Learning - an indigenous Fijian approach. IPS Publications, University of the South Pacific, 2006.

Naiker, Utkatu, Local Government in Asia and the Pacific: A Comparative Study. Country paper: Fiji. UNESCAP, 2007.

Nayacakalou, R. R., Tradition and Change in the Fijian Village. South Pacific Social Sciences Association, 1978.

Parry, J., Ring-ditch fortifications on windward Viti Levu, Fiji. Archaeology and Physical Anthropology in Oceania 4, 1977.

Parry, J., The Sigatoka Valley-Pathways into Prehistory. Fiji Museum Bulletin No.9, 1987.

Poignant, Roslyn, Oceanic Mythology. Paul Hamlyn limited, 1967.

Ratzel, Friedrich, A.J. Butler, The History of Mankind. Macmillan Company, 1897.

Ravuvu, Asesela, The Fijian Ethos. Institute of Pacific Studies, University of the South Pacific, 1987.

Ravuvu, Asesela, The Fijian Way of Life. University of the South Pacific, 1983.

Susu, Rev. Elimeleki, The history of Methodist Theological education in Fiji until 1973. Pacific Theological College, 2009

Sykes, J.W., The Royal Visit to the Colony of Fiji of Her Majesty Queen Elizabeth II and His Royal Highness The Duke of Edinburgh, December 1953.

Thaman, R.R. Rural Fiji. Institute of Pacific Studies, University of the South Pacific, 1988.

Thomas, Nicholas, Entangled Objects: Exchange, Material Culture, and Colonialism in the Pacific. Harvard University Press, 1991.

Thompson, L., Fijian Frontier. San Francisco, 1940.

Thornley, Andrew; Exodus of the i Taukei, the Wesleyan Church in Fiji 1848-74. Institute of the Pacific Studies, University of the South Pacific, 2001.

Wagelie, Jennifer, Presentation of Fijian mats and tapa cloths to Queen Elizabeth II. Khan Academy, retrieved 2017.

Wagelie, Jennifer, Staying Fijian: Vatulele Island Barkcloth and Social Identity. Crawford House Publishing, 2006.

Wagelie, Jennifer, Traditional Fijian Artifacts. Just Pacific, 2014.

Wate, J. T., Adolescent dietary patterns in Fiji and their relationships with standardized body mass index. International Journal of Behavioral Nutrition and Physical Activity, 2013

Williams, T. J. Calvert, Fiji and the Fijians: The Island and Their Inhabitants. Heylin, 1858.